新时代
〈管理〉
新思维

AI+
人力资源管理
HR进阶实践

梁咏峰　著

清华大学出版社

北京

内 容 提 要

在快速发展的数字化时代，人工智能作为一项革命性技术，正深刻改变各行各业的运作和管理模式。在人力资源管理领域，AI 的应用不仅提升了管理效率和精准度，还为企业带来了更多创新和发展的可能性。

本书聚焦 AI 技术在人力资源管理中的应用，分为趋势篇、实战篇和赋能篇。趋势篇主要讲述 HR 如何将 AI 更好地运用到日常工作中。实战篇主要从选才、育才、用才、留才四个角度，展现 AI 对企业智能化人才管理的赋能。赋能篇以 AI 实现组织效能倍增为主旨，讲解 AI 在制度、业务、文化、服务四个方面的作用，助力 HR 更深入地了解业务，提升员工的忠诚度。

本书案例翔实，内容丰富，适合企业管理者、HR 从业者、对人力资源管理知识感兴趣的人群阅读。

图书在版编目（CIP）数据

AI+人力资源管理：HR 进阶实践 / 梁咏峰著.
北京：清华大学出版社，2024.12. -- (新时代·管理新思维).
ISBN 978-7-302-67835-9
Ⅰ. F243-39
中国国家版本馆 CIP 数据核字第 20247MR260 号

责任编辑：刘　洋
封面设计：徐　超
版式设计：张　姿
责任校对：宋玉莲
责任印制：杨　艳

出版发行：清华大学出版社
　　　　　网　　　址：https://www.tup.com.cn，https://www.wqxuetang.com
　　　　　地　　　址：北京清华大学学研大厦 A 座　　邮　　编：100084
　　　　　社 总 机：010-83470000　　　　　　　　　邮　　购：010-62786544
　　　　　投稿与读者服务：010-62776969，c-service@tup.tsinghua.edu.cn
　　　　　质 量 反 馈：010-62772015，zhiliang@tup.tsinghua.edu.cn
印 装 者：大厂回族自治县彩虹印刷有限公司
经　　　销：全国新华书店
开　　　本：170mm×240mm　　　印　　张：13.25　　字　　数：284 千字
版　　　次：2024 年 12 月第 1 版　　　　　　　印　　次：2024 年 12 月第 1 次印刷
定　　　价：69.00 元

产品编号：106736-01

20 世纪 50 年代，计算机科学家约翰·麦卡锡首次提出"人工智能"（Artificial Intelligence，AI）这一概念，人工智能技术进入大众视野。20 世纪 60 年代，AI 技术开始在计算机领域得到广泛应用，并出现了很多技术分支。之后，AI 技术的发展经历了低谷期和复苏期，最终在 21 世纪得到飞速发展，逐渐走进大众的工作与生活。

早期的人力资源管理主要依赖于人工处理大量的员工数据和管理流程，耗时较长且容易出错。随着计算机的普及和信息技术的发展，人力资源管理流程得到简化，效率有了很大提升。例如，数据库和软件系统的出现使员工数据管理变得更高效；人力资源信息系统的出现使得企业能够更好地管理员工信息、薪酬，进行绩效评估等。

随着 AI 技术的发展，其在很多领域得到广泛应用，人力资源管理是其中的一个重要领域。人力资源管理与 AI 技术结合是现代企业管理的一个重要趋势，助力企业实现精准的数据选人、流程育人和智慧用人。

本书深入讨论了人力资源管理与人工智能结合的新趋势和实践方法，为新时代 HR（Human Resources，人力资源，即人事）开展人力资源管理工作提供了全面的指导，旨在帮助他们更好地应对现代企业管理中的挑战。

本书分为三篇，详细讲述了 HR 如何更好地运用 AI 技术提升自己的人力资源管理能力，帮助企业打造更高效、更灵活和更具竞争力的人力资源管理模式，引领企业走向成功。

趋势篇：讨论人力资源管理与AI碰撞所产生的影响、未来的趋势等，揭示AI在人力资源管理领域的应用价值，以及新时代HR如何使用AI才能将其价值最大化发挥出来，引领企业实现更智能、更高效的人力资源管理。

实战篇：深入探讨AI如何推动人才选拔、培育、使用和留存的变革，揭示AI技术如何在实际应用中帮助企业实现更精准、更高效的人才管理，引领企业迈向人力资源管理新时代。

赋能篇：深入探讨AI如何赋能组织实现效能倍增；探讨AI在助力HR管理员工、AI让HR更贴近业务、AI助力文化建设与宣传和AI优化工作体验方面的实际应用。

AI技术在人力资源管理领域具有巨大的潜力和优势，能够成为组织发展的强大引擎。企业可以借助AI的力量实现组织效能倍增，开启全新的商业增长与创新之旅。

HR要积极迎接这个AI与人力资源管理融合的新时代，不断探索创新，拥抱变革，开辟新时代进阶之路，引领企业迈向智能化、高效化的人力资源管理新阶段。

目录

C O N T E N T S

实战篇
AI 推动"选育用留"变革

第 3 章 AI+ 选才：招聘管理进入新时期 \ 046

赋能篇

AI 实现组织效能倍增

趋势篇

当人力资源管理
遇到 AI

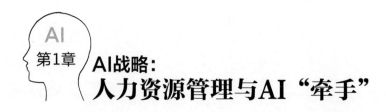

第1章 AI战略：
人力资源管理与AI"牵手"

随着数字时代的浪潮汹涌而至，各行各业正经历着前所未有的变革。在这场波澜壮阔的变革中，AI（Artificial Intelligence，人工智能）技术以其独特的魅力与巨大的潜力，成为推动各行各业前行的强大动力。在人力资源管理领域，AI技术的引入不仅为其带来了诸多崭新的机遇，更促使传统的人力资源管理模式实现AI化转型升级。众多企业积极部署AI战略，以期在这次浪潮中占据有利地位。

1.1 传统人力资源管理亟待转型

传统的人力资源管理模式在应对复杂多变的商业环境时暴露出诸多弊端与不足。AI技术能够有效解决这些弊端和不足，因此，越来越多的企业以全新的思维模式，借助包括AI技术在内的先进技术手段，推动传统人力资源管理转型升级，实现人力资源优化配置，提高管理效率，降低运营成本，为自身长远发展注入新的活力。

1.1.1 技术升级，AI时代已经到来

ChatGPT的出现，文心、通义等大模型的不断发展，标志着AI时代已经到来。作为一种借助计算机模拟人类思维的技术，AI能够利用深度学习、机器学习等技术对数据进行处理、分析，帮助企业做出智能决策。

AI将对以下几方面产生深刻影响，如图1-1所示。

1.改变人们的工作方式

AI能够代替一些传统的手工操作，使工作方式朝着自动化、智能化方向发展，从而有效提高企业的工作效率和生产能力。例如，HR可以利用AI自

动筛选简历、自动统计考勤等。

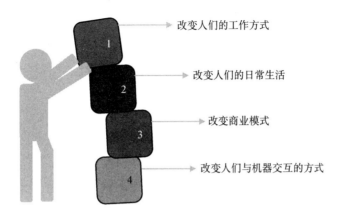

图1-1 AI产生的影响

2. 改变人们的日常生活

AI能够广泛应用于人们的日常生活中，比如智能家居、智能健康、智能安防等。随着AI技术的进一步发展，其对人们生活的影响也会更深、更广。

3. 改变商业模式

AI能够改变企业的商业模式。借助AI技术，企业能够更加全面地了解用户需求，为其提供优质服务。AI能够对用户的消费行为、消费偏好等进行分析，从而为企业进行市场预测、产品设计等提供依据。此外，AI技术还能够应用于生产优化和供应链管理，提高企业的运转效率和市场竞争力。

4. 改变人们与机器交互的方式

在AI的帮助下，人们能够借助动作、表情、语言等与机器更好地交互，操作更便捷，互动更高效。

总之，AI的大范围应用会对人们的生活、工作造成深刻影响，我们需要及时调整心态，积极应对。人力资源管理从业者更要深入了解和掌握AI技术，以更好地适应时代发展。

1.1.2 核心变革：管理人VS管理AI

AI技术不断演进，对人们的思维方式和行为模式产生深远影响。在人力资源管理领域，一场深刻而广泛的变革正在如火如荼地展开，其核心是从管理人逐渐转变为管理 AI。

在传统的人力资源管理模式下，HR 需要承担十分琐碎的工作，包括员工招聘、员工培训、业务考核、档案管理等。此外，传统人力资源管理存在数据分散的问题，导致人力资源管理无法实现科学化和精细化，人力资源部门需要花费许多精力处理重复数据，造成资源浪费。

随着 AI 技术在企业管理中的广泛应用，人力资源管理得到了极大的改善。AI 技术在人事招聘、员工培训、绩效评估、福利管理等方面起到了重要作用，人力资源管理由管理人变成了管理 AI，AI 分担了 HR 的大部分工作，极大地减轻其工作负担。

当然，AI 的发展也给人力资源管理带来了许多挑战。例如，AI 技术将会取代许多传统岗位，这使得从业者需要不断学习新的知识与技能，以跟上时代的脚步；AI 可能会使部分员工对自己的职业前景感到迷茫，需要人力资源部门加强与员工的沟通，对员工进行适当引导，帮助员工明确职业发展路径，消除他们的担忧。

面对势不可当的 AI 浪潮，人力资源从业者需要调整心态，从以下几个方面学习如何对 AI 进行管理，如图 1-2 所示。

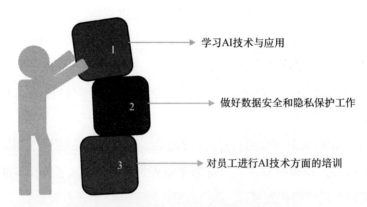

图1-2　人力资源从业者管理AI要学习的内容

1. 学习 AI 技术与应用

人力资源从业者需要了解 AI 技术，包括 AI 技术的基本概念和应用场景，从而在工作中更好地应用 AI 技术。

2. 做好数据安全和隐私保护工作

为了避免数据外泄或被滥用，人力资源从业者应该增强数据安全和隐私保护意识，做好数据安全和隐私保护工作。

3. 对员工进行 AI 技术方面的培训

不仅人力资源从业者需要了解 AI 技术，企业中的其他员工也需要接受相关培训，以深入了解 AI 技术，从而在工作中更好地应用 AI 技术。

总之，AI 技术给人力资源管理领域带来了深刻变革。人力资源从业者需要主动地自我调整，由会管理人变成会管理 AI，适应时代变化，紧跟技术潮流，这样才能在未来竞争中脱颖而出，占据有利地位。

1.1.3 AI是实现降本增效的"秘密武器"

AI 技术已经渗透到各行各业，推动各行各业发生变革。作为企业中的一个重要部门，人力资源部门应积极探索 AI 技术，并将其应用在实际工作中，使其成为降本增效的"秘密武器"。

人力资源部门可以在以下几个方面应用 AI 技术，以减轻工作负担，如图 1-3 所示。

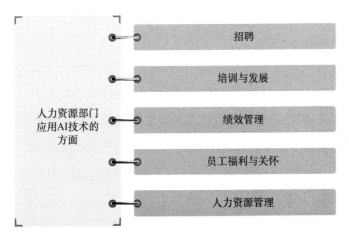

图1-3 人力资源部门应用AI技术的方面

1. 招聘

HR 可以将 AI 技术应用于招聘环节，从而提高招聘效率，降低人力成本。例如，HR可以在使用招聘软件时设置筛选要求，从而提高简历的适配度；借助AI技术对候选人的能力进行评估，快速推进招聘流程，节约人力物力。

2. 培训与发展

企业可以利用AI技术更高效地对员工进行培训，快速提升员工能力，使员工更牢固地掌握工作技能。例如，企业可以借助AR（Augmented Reality，增强现实）和VR（Virtual Reality，虚拟现实）技术打造沉浸式的虚拟培训空间，让员工在仿真环境中学习各项技能与理论知识，然后通过实操来巩固和深化技能和知识。此外，AI助教作为一种智能辅助工具，能够根据每位员工的学习能力和进度提供针对性学习建议，有效推动员工的个人成长与职业发展。

3. 绩效管理

AI技术应用于绩效管理，能够更加准确地记录员工的工作成果，从而为员工的绩效判定提供客观、科学依据。

例如，AI可以记录员工的工作数据，并生成可视化工作报告，直观展示员工的工作成果。企业借助AI绩效管理系统自动记录员工绩效，减少了人工因素导致的误差，从而提高绩效管理的准确性与公平性。

4. 员工福利与关怀

企业可以借助AI技术为员工提供精细化、个性化服务，满足员工多样化的需求，提升员工的工作满意度和忠诚度，降低员工的离职率。

例如，利用AI技术，企业可以为员工提供全天候心理咨询服务，帮助员工解决生活、工作中的烦恼；企业可以挖掘、分析员工数据，更准确地了解员工的真实需求，从而制定出更具针对性的福利政策，让员工感受到企业的关怀与温暖。

5. 人力资源管理

AI技术可以实现自动化办公，有效规范企业管理，极大地减轻员工的工作压力。例如，企业可以利用AI技术高效处理员工入职、调动、离职等烦琐事务，减轻人力资源部门的工作负担；AI技术能够帮助企业对人力资本需求进行预测，实现人力资源合理分配，从而节约资源，提升企业整体运营效率。

总之，企业借助 AI 技术进行人力资源管理能够有效实现降本增效。但同时，企业在应用 AI 技术时也需要保持警惕，谨慎防范可能出现的风险，如数据安全、隐私保护等。企业必须确保在享受技术带来的便利的同时，保障员工的合法权益不受侵犯。

1.2　逐渐AI化的人力资源管理

AI 技术的应用推动了人力资源管理的发展，使得人力资源管理逐渐朝着 AI 化方向转变。这一转变标志着人力资源管理从信息化到智能化的过渡。企业需要准确把握不同转型阶段的关键要素，从而制定合适的转型战略，以实现人力资源管理的智能化、数字化。

1.2.1　从信息化到智能化的过渡

人力资源管理转型需要经过三个阶段，分别是信息化、数字化和智能化。

信息化指的是将物理世界中的事物投射到虚拟世界中，在企业内部的具体表现为：利用 IT 技术革新管理、支撑业务发展。

在人力资源管理领域，信息化主要聚焦于构建人力资源管理框架，实现人力资源管理流程梳理与优化，以及系统、工具的打造与优化，将人力资源基础模块信息从线下转移到线上，实现规范运营和管理效率提升。例如，人事系统中员工个人信息的录入，便是信息化在人力资源管理中的典型应用。

数字化则更进一步，充分利用 IT 技术，侧重于对过程数据、行为数据等关键信息的管理与应用，并期望通过数据的反馈优化应用，为决策提供有力支持。

在数字化阶段，人力资源部门通过人力资源信息系统为员工提供多元化服务，如空中服务大厅、自助服务终端等，极大地提升服务的便捷性。这一阶段的人力资源管理更加注重员工的体验，包括工作诉求的满足、社交需求的实现，以及人文体验的提升。例如，员工可以通过线上平台完成入职流程，AI 技术能够自动处理入职审批、员工个人信息采集等烦琐工作。

智能化则是基于用户日常经验构建模型，通过算法进行精准计算。基于大量数据训练，模型得以不断优化和迭代。在这一过程中，AI 不仅突破了计算机存储的极限，更将人类的丰富经验融入模型和算法中。因此，AI 成为人类智慧的载体，具备存储、管理和加工多元数据的能力。

在智能化阶段，企业会运用大数据和 AI 技术制定一些重要决策。例如，借助 AI 技术制订精准的人才招聘方案，为员工量身定制个人成长计划，实现智能排班，以及提供智能问答服务等。

当前，人力资源管理正处于从信息化向智能化过渡的关键时期，其发展尚不完善，缺乏系统性规划。因此，在流程优化和数据整合方面，企业仍需加大力度，以推动人力资源管理的进一步升级和完善。

1.2.2 关键要素在不同转型阶段的特征

企业推动人力资源管理转型，需依赖流程、数据和组织三大关键要素的驱动。这三个要素在不同转型阶段所表现出的特点具有明显的差异，如表 1-1 所示。

表1-1 关键要素在企业不同转型阶段的驱动特征对比

特征	转型阶段		
	信息化	数字化	智能化
流程要素驱动特征	由基础的职能活动与流程驱动，能够实现高效、规范的过程管控	由数据和场景驱动，实现人力资源管理的全局优化，有效提高组织效能	由预测和智慧驱动，实现价值开放共创，以及生态圈资源的合理运用
数据要素驱动特征	能够根据业务需求建立系统，但是并未进行系统的整合与集成，数据质量差，需要根据业务需求调取数据进行治理；数据应用简单，主要为单项分析，多依靠线下分析	能够根据企业的战略规划有计划地建设人力资源管理各个模块的系统，并且已经进行系统整合与集成；企业能够定期对数据进行治理与维护，有标准化的分析指标	搭建面向实施高维决策与反馈闭环的企业技术架构，智能化匹配发展的治理架构持续优化，保持前沿成熟算法的集成

续表

特征	转型阶段		
	信息化	数字化	智能化
组织要素驱动特征	有明确的职责边界与支撑人力资源的流程管理能力，能够完成体系化流程建设，建立流程驱动的过程管理机制	有明确的数字化转型目标与规划驱动管理运营重构，持续迭代优化标准化工作流程与方法论，支持企业管理的数据能力，建立数据驱动的过程管控机制	有清晰统一的愿景，共同推动变革，高效流程与创新应用相互促进，打造支持业务生态价值的智能分析能力，建立智能驱动的过程管控机制

企业在进行人力资源管理转型时，应该具体问题具体分析，从自身需求和实际情况出发，判定自己所处的转型阶段，抓住转型的关键要素，实现快速发展。

1.2.3 转型战略：重塑定位+搭建支柱+优化体系+技术赋能

过去，企业的人力资源管理主要侧重于日常的人事管理，如员工薪酬计算、档案管理、员工入职离职手续办理等。随着时代的进步，企业的人力资源部门进行了深刻转型，不仅需要处理日常事务，还要致力于激发人才潜能、构建人才梯队，从而推动企业整体发展。

在人力资源管理方面，企业普遍存在四大痛点，如图1-4所示。

企业对人力资源部门定位不高

人力资源部门员工的能力有待提升

人力资源管控机制运行不畅

人力资源管理数字化程度低，效率低

图1-4 企业在人力资源管理方面存在的痛点

（1）企业对人力资源部门定位不高。企业对人力资源部门的关注度与资源配置不足，使得人力资源部门的基础薄弱。例如，许多企业没有制定详细的岗位说明、考核规范等，导致员工岗位定位模糊、绩效考核缺乏明确依据。同时，因为企业不重视，人力资源部门能够发挥的价值有限，对企业发展的支撑作用相对薄弱。

（2）人力资源部门员工的能力有待提升。一方面，人力资源部门长期执行事务性工作，没有足够的精力去承担优化类工作；另一方面，由于长期受到忽视，人力资源部门员工的个人能力和技能水平没有得到及时提升。

（3）人力资源管控机制运行不畅。企业人力资源管控中经常出现两类问题：一类是"先局部，后整体"，例如，总公司对子公司的人力资源管控能力不足，导致双方各自为政，无法实现人力资源管理的整体协同；另一类是"胡子眉毛一把抓"，例如，总公司对所有子公司采用统一的管控手段，忽略了各子公司的实际情况和公司间的差异，不利于子公司的长远发展。

（4）人力资源管理数字化程度低，效率低。虽然信息技术的发展给企业带来了一定的冲击，推动了人力资源管理信息化进程，但信息化应用大多停留在基础性事务上，如员工考勤、流程审批等，在人员招聘、绩效管理、员工培训等核心领域应用较少。此外，企业深度挖掘数据的能力有限，数字化水平有待进一步提升。

基于以上四大痛点，企业可以从以下四个方面有针对性地开展转型工作。

1. 重塑人力资源部门的定位

企业需要重视人力资源部门的作用，重塑人力资源部门的定位，推行战略性人力资源管理。企业的人力资源部门应承担四类角色：一是战略推动者，能够制定人力资源发展战略，为企业发展赋能；二是业务合作伙伴，熟悉业务，能够深入挖掘与业务匹配的人力资源管理需求并提出解决方案；三是优秀员工，关心员工发展，积极维护良好的工作氛围；四是人力资源管理专家，具有扎实的专业基础，为其他角色提供支持。

2. 搭建人力资源管理三大支柱

在大型企业中，单一的人力资源部门很难同时承担上述四类角色，因此需要搭建人力资源管理三大支柱，以减轻人力资源部门的负担。

人力资源管理三大支柱分别是COE(Center of Expertise，人力资源专家中心)、HRBP(HR Business Partner，人力资源业务伙伴)和HRSSC(HR Shared Service Center，人力资源共享服务中心)。

COE拥有丰富的人力资源专业知识，能够制定合适的人力资源战略，从战略方面为企业的人力资源管理提供支持。HRBP的主要职责是充分了解基层人力资源管理的需求，落实人力资源管理战略。HRSSC往往承担事务性工作，如员工的入职和离职、档案管理等。

在三大支柱架构下，企业的人力资源管理主要有三个特点。

一是坚持以用户为中心。用户包括企业内部员工、退休员工和上级单位等，HRBP需要密切关注各类用户的需求，并通过COE进行服务定制，最后由HRSSC落实服务。

二是重视业务驱动。发挥人力资源管理对业务发展的推动作用，人力资源部门与业务部门深度合作，推动人力资源管理策略加速落地。

三是强调资源整合。COE可以对企业内外部资源进行整合，并根据HRBP提出的需求制订可落地的方案。

3. 优化人力资源管控体系

拥有子公司的大型企业应该平衡好总公司与子公司的人力资源管理权责，既满足总公司的管理要求，又让子公司拥有一定的自主权。常见的企业人力资源管理模式主要有三种，如表1-2所示。

表1-2　常见的人力资源管理模式

模式	定义	特点
行政管理模式	总公司对子公司的人力资源管理控制程度很高，子公司没有独立决策权	总公司能够直接控制子公司，实现高效协同，信息反馈及时；总公司管理难度较大，过度集权不利于子公司的独立发展
自主管理模式	总公司不参与子公司的人力资源管理工作，子公司管理自由度高	总公司的管理难度低，管理成本低，子公司具有决策权，能够根据自身变化及时做出调整；总公司和子公司信息同步较慢，容易出现信息不对称问题

模式	定义	特点
治理型模式	总公司适度参与子公司的人力资源管理工作，子公司具有独立决策权	总公司参与程度适中，管理效率高；该模式对总公司和子公司治理体系完善度要求较高

4. 进行人力资源管理数智化转型

随着 AI 技术的不断发展，企业需要利用技术赋能人力资源管理，实现其数智化转型。

一方面，企业可以借助 AI 技术推动人力资源管理三大支柱建设，快速推进人力资源管理与业务联动；另一方面，AI 技术能够从多个方面赋能人力资源管理，推动企业人力资源管理效率提升。

例如，全球知名的信息技术和业务解决方案公司 IBM 推出了一种依托于 AI 技术的求职者助理解决方案——WCA(Watson Candidate Assistant)，改变了企业与候选人(应聘者)的互动模式。在传统应聘过程中，候选人在招聘网站获得工作信息后，与企业 HR 的首次见面往往在面试现场。而在 WCA 帮助下，企业和候选人可以利用聊天机器人互动，改变了传统的求职流程，给求职者带来个性化求职体验。而且，聊天机器人的智慧程度会随着使用频次的增加而提高。

此外，企业还可以将视频融入求职流程，向候选人展示企业真实的工作环境，使其更加直观地了解企业文化和工作氛围。

自 IBM 推出 WCA 以来，优质候选人数量不断攀升，显著缩短了招聘周期，极大地提高了候选人与职位的匹配度。

1.3　企业布局：AI在人力资源管理领域应用探索

随着 AI 技术的广泛应用，许多企业纷纷布局，致力于将 AI 技术深度应用于人力资源管理领域，以寻求更为高效和精准的管理方式。例如，IBM 尝试将 AI 与人力资源管理深度融合，通过智能化手段提升人力资源管理效率；联合利华以 AI 技术助力员工成长，实现个性化培训与发展；沃尔玛中国携手海纳 AI，共同探索智能招聘解决方案，以优化招聘流程，提升人才与岗位的匹配度。这些探索与实践，不仅推动了 AI 在人力资源管理领域的广泛应用，也为整个行业的发展注入了新的活力。

1.3.1 IBM：将AI与人力资源管理深度融合

移动网络的发展、高新技术的涌现、员工需求的不断增加等，意味着传统人力资源管理方式已经不适合当今时代，需要进行变革。

IBM 致力于为客户提供硬件、软件、服务、咨询等方面的解决方案，并不断进行技术创新。在人力资源管理领域，IBM 将 AI 与人力资源管理深度融合，为该领域增添了全新活力。

例如，IBM 推出了能够赋能企业人力资源管理的套件——IBM Talent & Transformation，助力企业借助 AI 挖掘人才、招聘人才等。IBM Talent & Transformation 包含 Watson Talent Suite(Watson 人才套件)，能够将行为科学、AI、心理学集成起来并应用于人力资源管理领域，主要包括以下几个方面。

（1）Watson Recruitment(Watson 招聘)：能够对企业的历史招聘数据进行分析，找出被录取者的共同点，从而生成被录取者画像。

（2）Watson Candidate Assistant(Watson 候选人助理)：能够查看并分析求职者的简历，为其匹配相应的职位。

（3）Watson Career Coach(Watson 职业教练)：能够为员工提供有效的职业发展规划。

（4）Watson Talent Frameworks(Watson 人才框架)：规划人才发展所需要的能力，为人才发展提供有效保障。

（5）Adverse Impact Analysis(不良影响分析)：利用 AI 技术识别组织中的偏见。

Watson Talent Suite套件是专门针对IBM内部的人力资源团队研发的，用于辅助其更高效地开展工作，以提升员工的满意度。

IBM 还与安永展开合作，共同推出了人力资源解决方案 EY.ai Workforce。

该方案能够帮助企业将 AI 技术应用于人力资源管理工作中，提高人力资源管理效率。此次合作标志着两家企业之间的合作迈出了重要的一步，也是 AI 在提高人力资源管理效率方面的一个重要里程碑。

IBM Watsonx Orchestrate 是 IBM 推出的一个平台，能够利用 AI 帮助企业实现业务自动化。EY.ai Workforce 将 IBM Watsonx Orchestrate 的人工智能与安永的人力资源管理转型知识和经验结合起来，能够帮助企业有效创新人力资源管理流程。安永团队拥有强大的深刻理解业务流程的能力，能够助力企业制订合适的人力资源管理解决方案，利用 AI 提高员工的工作效率。

IBM Watsonx Orchestrate 能够推进任务自动化，包括书写岗位简介、生成各类报告等，其页面设计简单，员工能够借助该平台自动化运行任务，从而节约更多时间用于完成价值更高的工作。

作为大型企业，IBM 不断探索创新技术在工作中的应用，利用技术增强自身的决策和执行能力，创造更大价值。未来，IBM 将持续利用 AI 赋能人力资源管理，为更多企业的发展注入新动力。

1.3.2　联合利华：以AI助力员工成长

作为一家知名日用消费品企业，联合利华致力于利用 AI 技术赋能员工，全方位提升员工的能力。联合利华为员工提供了线上人才市场，该市场能够借助 AI 系统为员工提供全新的岗位机会、个人能力培训等，助力员工成长。

联合利华曾表示希望实现机会透明化。如果联合利华利用 AI 技术打造一个内部人才市场，那就可以实现机会公平化，因为员工可以自主选择合适的项目提升自己的技能，并获得相关经验。

联合利华利用线上人才市场创造了一个和谐、公平的环境。由于平台具有实时播报功能，故而员工都能够看到公司提供的能力提升机会。例如，联合利华旗下某个品牌的经理利用线上人才市场找到了一个创新项目，获得了丰富的项目运作经验。

员工可以在线上人才市场填写自身的技能和希望提高的方向，线上人才市场会借助 AI 技术为员工匹配合适的机会，帮助员工实现能力提升。

联合利华创建线上人才市场的初衷是激发员工的学习兴趣，员工可以自主选择是否使用这一平台。联合利华及其旗下各个品牌的领导者都意识到线上人才市场的重要性，而且主动推广这一平台。

联合利华认为，如果员工停滞不前、不主动学习，其现有能力就会逐渐无法满足业务发展需要。现在是一个快速发展的时代，一些岗位将会消失，新的岗位不断涌现，因此员工需要不断学习，提升自己的能力，以便为未来的角色转型做好准备。

联合利华在推广这一平台的同时，还获得了许多意外之喜。例如，获得了员工关于感兴趣的项目和技能的反馈，有利于其了解品牌和市场的走向。从市场营销角度出发，如果企业员工对某个项目不感兴趣，那么企业为什么要启动这个项目？因此，联合利华可以通过员工的反馈明确项目的价值和可行性。

此外，联合利华还与埃森哲展开合作，共同推进 AI 技术研究和应用，以实现 AI 技术在人力资源管理领域的创新应用。二者的合作以联合利华开设 AI 实验室 Horizon3 Labs 为起点，它们将在实验室共同探索全新应用，扩大生成式 AI 的应用规模。

埃森哲董事长表示，此次合作建立在其与联合利华有长期的合作历史基础之上，实验室 Horizon3 Labs 与埃森哲深厚的专业知识相结合，能够帮助联合利华更快速地拓展 AI 应用，实现创新发展。

1.3.3　沃尔玛中国+海纳AI：探索智能招聘解决方案

很多企业每年都会有一段时间需要大规模招聘，尤其是连锁餐饮、零售、快递物流等企业。这些企业的 HR 肩负着为企业寻找专业对口、稳定性强的人才的重任，他们为此付出了巨大的努力。

作为零售行业的佼佼者，沃尔玛中国在全球拥有数百家门店与配送中心。大量的门店意味着沃尔玛中国具有旺盛的招聘需求，这无疑给 HR 带来了巨大的挑战。HR 面试一名候选人需要花费十几分钟甚至几十分钟时间，导致整体招聘进度缓慢，招聘周期长，招聘工作效率低下。此外，不同门店的招聘标准不同，导致人才质量参差不齐。

沃尔玛中国深知，作为一家劳动密集型企业，要想实现成本的有效管控，就必须在招聘效率与准确性上下功夫。特别是随着企业的快速扩张，其对人才的需求和用人标准不断提升，因此，寻找更为高效的招聘方法变得尤为重要，招聘转型成为沃尔玛中国亟待解决的问题。

为了应对这一挑战，2022 年，沃尔玛中国与海纳 AI 合作，尝试在基础岗位招聘中应用 AI 技术。海纳 AI 于 2019 年推出，是 AI 面试测评领域的领军者，主要致力于 AI 面试、线上考试、线上面试等功能的研发，旨在以 AI 技术助力人力资源行业发展，帮助企业做好岗位与人才的匹配。此前，海纳 AI 已经与顺丰、中兴等多家企业开展了成功的合作。沃尔玛中国与海纳 AI 的合作，无疑为双方带来了更为广阔的发展空间。

海纳 AI 的基础岗位大规模招聘解决方案主要有以下四个步骤。

（1）AI 线上面试。候选人可以扫码进入线上面试界面，AI 面试官取代 HR 向候选人提出问题，候选人进行回答，有效简化招聘流程。

（2）系统自动评估。系统会根据候选人的回答生成 AI 面试报告，并根据候选人的入职表现不断升级 AI 评估模型，以提升面试评估的准确性。

（3）统一岗位招聘标准。在 AI 助力下，企业可以制定统一的人才筛选标准，部门、门店也可以根据自身需求个性化定制人才筛选标准。

（4）打造视频化人才库。AI 在为每个候选人生成具有针对性的面试分析报告的同时，能够有效打造视频化人才库，方便进行人才查询。

AI 精准、快速的特性与以沃尔玛中国为代表的劳动密集型企业的招聘需求高度契合。以沃尔玛中国采用的海纳 AI 面试系统为例，通过人才胜任力模型，AI 面试官能够结合人脸识别、语义识别等技术，实现精准的人才筛选和人才评估，并打造视频化人才库，实现人才资料可查询、可追溯。

沃尔玛中国已经将海纳 AI 面试系统应用于 100 多个城市的数百家门

店，有效实现了招聘的流程化、精准化和高效率，解决了其面临的以下三大痛点。

（1）招聘时间长。沃尔玛中国在业务高峰期对人才的需求较为旺盛，但在招聘过程中，许多时间却被花费在企业和岗位介绍上，招聘效率比较低。

引入海纳AI面试系统后，由AI面试官进行线上面试，候选人通过手机录制短视频回答问题，减少了HR的工作量。海纳AI面试系统支持数十万人同时面试，有效缩短招聘周期，助力企业快速招聘到所需人才。

（2）门店招聘标准不统一。沃尔玛中国各个门店的人才评估标准不统一，HR对人才的评判较为主观，导致各个门店员工质量参差不齐。

对此，海纳AI与沃尔玛中国进行了深入沟通、岗位梳理，打造了AI面试模型和统一的人才评估标准，从精神面貌、个人素质、沟通表达等方面出发，选拔合适的人才。该AI面试模型已经应用于数百家门店，各地门店建立了统一的人才评估标准，实现了招聘要求的量化。

（3）面试影像资料没有留存。面试官在线下进行面试时往往不会录制视频，这导致后期很难进行候选人复核，上下游面试官之间存在信息壁垒。在业务高峰期需要补充工作人员时，沃尔玛中国无法从人才库中快速筛选出所需人才。

针对此，海纳AI面试系统可以为沃尔玛中国提供候选人的文本简历和视频简历，打造个性化的视频人才库。HR可以借助视频人才库并结合候选人之前的面试信息快速找到优质候选人，从而在业务高峰期快速填补人才缺口。

为了顺利推进AI面试系统的使用，沃尔玛中国从三个方面进行了努力。

（1）开展多部门培训。沃尔玛中国召集旗下山姆会员店、各大卖场、支持中心等多个部门的HR参与AI面试系统培训，使他们了解并能快速上手使用该系统。此外，沃尔玛中国还针对不同的业务场景、岗位对HR进行了针对性培训，使其能够快速使用系统。

（2）制订分批次的推广方案。沃尔玛中国将部分山姆会员店和大卖场作为试点，让它们优先引入 AI 面试系统，剩余门店作为第二批次引入该系统。最终，沃尔玛中国完成了 AI 面试系统在所有门店的全面落地。

（3）提供技术与服务保障。在推行海纳 AI 面试系统过程中，沃尔玛中国随时解答各类疑问，并定期进行数据复盘，反馈 AI 面试系统的推广进度以及使用效果。

招聘是企业补充员工、吸引人才的重要环节，企业应对此加以重视，利用 AI 技术打造智能招聘解决方案，高效选拔优秀人才，实现更好的发展。

AI

第2章 决胜未来：
AI时代HR转型之道

随着 AI 时代的到来，各行各业都站在了风口浪尖，亟须做足准备迎接变革的浪潮。在人力资源管理领域，AI 很大程度上改变了 HR 的传统工作模式，正在逐步取代 HR 的部分工作。HR 需要积极拥抱 AI 技术，学习并掌握其使用方法，不断提升自身专业素养，积极探索转型新路径。

2.1 AI会不会取代HR

在 AI 时代，许多传统工作被智能技术所替代。在人力资源管理领域，HR 不禁感到担忧：AI 是否会取代自己？确实，AI 已经能够胜任简历筛选、面试、排班等重复性、机械性任务，极大地提高工作效率。

然而，我们必须认识到，HR 的工作远不止于此。团队建设、员工关怀、人际关系处理等由情感驱动的工作，是 AI 无论如何发展都无法完全替代的。凭借丰富的经验和深厚的人文素养，HR 能够深入地理解员工需求，营造积极向上的工作氛围，推动企业持续发展。

因此，在 AI 时代，HR 无须过分担忧被取代，而应积极拥抱变革，借助 AI 技术提升工作效率，将更多精力投入到团队建设和员工关怀等核心工作中，实现个人和企业的共同成长。

2.1.1 AI取代的是HR工作，而非HR角色

AI 的发展对人类社会有利有弊：一方面，AI 能够有效提高工作效率；另一方面，AI 将会取代许多岗位，导致失业率攀升。

当今时代，AI 对传统劳动力就业构成的威胁日益加剧，其速度和广度都超出了许多科学家的预期。不仅从事体力劳动的传统劳动力会受到影响，

许多拥有一技之长的白领、蓝领等也未能幸免。

知名企业家李开复曾预测，AI与自动化设备将会取代半数的工作。这些工作可以分为三类：一是图书分类、文档整理等简单、重复性工作；二是电话销售、线上客服等无须复杂情感交流的工作；三是货物分拣、装配等依赖体力的工作。这些工作相对简单、重复性强，无须频繁与其他人交流，利用AI进行操作会更准确、更高效。

如今，李开复的预测已经逐渐变成了现实。例如，阿里巴巴采用AI客服与用户交流；许多工厂引入工业机器人，让其承担繁重、重复性的工作；商场引入智能清洁机器人，取代清洁工。上海甚至出现了一家无人银行，业务全部由机器人办理。

AI正不断渗透到我们的生活工作中，我们必须予以高度重视，并做好充分的应对准备。

我们需要清醒地认识到，尽管AI能够取代部分重复性、繁重的工作，但我们的价值并非仅仅体现在工作能力上。我们的创造性和灵活性是AI无法比拟的。在未来，我们应该将AI视为合作伙伴，朝着人机协同的方向发展，以缓解AI对就业市场造成的冲击，发挥自己独特的价值。

对于HR来说，AI确实会取代其部分工作，但这并不意味着HR的角色将会消失。AI在人才招聘、人才评估等领域能够发挥作用，但一些战略性决策，如招聘计划制订、员工培训等，仍需要依靠HR的专业知识和经验。

因此，HR应以积极的心态面对AI的挑战，深入了解自身的优势以及与AI的关系，将烦琐、重复的工作交给AI处理，利用AI技术减轻工作负担，让AI成为自己的得力助手。HR应凭借在思考能力上的优势，与AI共同创造更加美好的未来，共同开创人力资源管理的新篇章。

2.1.2　最终做决策的还是HR

AI的出现极大地推动了人力资源管理降本增效。其工作效率更高，能显著降低时间成本，还可以大大减少招聘偏见，这无疑为HR工作带来了革命性变革。尽管AI具备诸多优势，但它只能作为辅助HR工作的工具，最终的决策权仍然牢牢掌握在HR手中。

AI以高效率、强记忆力、低出错率以及高精准度著称，能够快速处理海量数据，解决复杂问题。但其缺乏人类所具有的创造性、灵活应变能力、复杂的情感和肢体动作等，而这些正是HR工作中不可或缺的要素。

AI擅长处理简单、可重复的工作，其所谓的"思考力"仅仅是基于大量数据训练而形成的。至于替代HR进行决策，如裁员，更是超出了AI的能力范围。

在数据处理和模式识别方面，AI表现出超越人类的能力，成为人力资源管理中不可或缺的辅助工具。然而，在涉及"人力"的部分，如人才选拔、做出聘用决策，HR仍然发挥着不可替代的作用。毕竟，HR比任何AI软件都更了解员工和企业的实际情况。

尽管AI能够分担HR的很多工作，但距离完全取代HR还很遥远。人力资源管理并非一成不变，它需要不断地维系和调整团队以及员工之间的关系。而AI无法深刻理解人与人之间的情感交流、信任与互助，这正是HR工作中难以被替代的部分。

展望未来，HR不仅要管理人，还要管理AI。AI可以通过数据分析为HR提供候选人筛选、人才培养和企业文化塑造等方面的建议。同时，它还可以根据企业的历史数据预测未来发展趋势，为企业战略决策提供有力支持。但无论AI如何发展，最终的决策权仍将掌握在人类手中。因此，HR无须过分担忧AI会完全取代自己。

正如柯洁败给AlphaGo后，科学家依然得出"人类是赢家"的结论一样，我们应该相信，即使AI在某些方面超越了人类，但决策权仍将牢牢掌握在人类手中。

2.1.3　思维变革：用技术思维打造智能HR

对于新时代的HR而言，拥有AI思维并善于用其打造智能系统至关重要。在这一过程中，一个核心因素是预测模型。在部分专家学者看来，预测模型可以在很多方面发挥作用，如实现柔性化的人力资源管理。

当前，分享经济和众包经济都获得了较为不错的发展，这导致劳动力管理需求发生变化。以往，人力资源的规划与安排多依赖于 HR 的专业判断；如今，HR 可以借助 AI 预测企业的实际需求，进行更为科学的人力资源调整和分配。

在大数据加持下，AI 不仅能够分析员工流失的原因，还能预测流失趋势，并提出防止优秀员工流失的对策。例如，初创公司 Hi-Q Labs 开发出一种仅依赖外部数据就能预测员工留存率的方案，其准确度甚至超越了使用企业内部数据进行预测的结果。

AI 思维也可以广泛应用于人力资源管理的其他领域。尽管目前的技术尚未达到真正意义上的智能化，但很多独具特色的 AI 解决方案为解决企业中的人力资源管理问题提供了新思路。我们有理由相信，未来 AI 将会更深入地渗透到人力资源管理的各个环节。

在数字化浪潮下，HR 的决策也应走向数字化。具体而言，HR 应基于内外部数据，通过智能化分析洞察企业人力资源管理现状，预测未来可能面临的挑战，从而制定出更为科学、合理的决策。

AI 等先进技术能够进一步整合和分析数据，自动生成人力资源管理报告，为 HR 做出科学决策提供有力支持。随着技术的不断进步，越来越多的 HR 已将数字化决策视为未来发展的重要方向。

一位资深的 HR 专家明确表示，"我们希望可以用技术和智能设备替代 HR 制定人力资源管理报告"。这意味着，在这位 HR 专家的设想中，HR 将用算法开展人力资源工作，并利用智能设备改善管理流程。

一旦这样的设想变成现实，HR 的工作效率会比之前有很大提升，其面临的工作压力会明显减轻。当然，人力资源管理方面的成本也会更少，从而降低企业的整体成本。虽然技术和智能设备为 HR 带来了益处，但是 HR 不能安于现状，而应不断提升自己的能力，如流程资讯能力、平台及数据管理能力。

1. 流程资讯能力

在技术和智能设备助力下，HR可以通过某些方式（如数据合成、数据分析等），提高自己在操作流程中的决策比例。在这种情况下，HR不仅应该重新设计操作流程，还应该重新塑造自己的能力，为技术的应用提供支持，应对更加复杂和棘手的问题。

当前，技术正在以HR尚未掌握的方式，悄然改变着传统的"以员工为中心"的内部操作流程。这无疑是技术与机器人流程自动化融合的结果。此外，还有更多例证，例如，语音识别身份验证系统在考勤记录方面发挥了关键作用，极大地降低了考勤管理的复杂性。

2. 平台及数据管理能力

平台及数据管理能力已成为HR不可或缺的核心能力，可以帮助HR处理更多的信息、管理更多的平台。通常而言，利用机器学习方法生成的预测模型的质量受限于输入数据的质量。因此，对于企业而言，提升组织效能和数据质量并非新的挑战。

如果HR缺乏平台及数据管理能力，数字化转型进程可能会遭遇阻碍。随着技术的不断发展，很多企业都积极引进先进技术。作为企业中的关键角色，HR急需掌握平台及数据管理能力，使自己成为"数字化小能手"。

从目前的情况来看，HR要做的事情还有很多。首先，HR应该把精力集中在那些能够高效进行人力资源管理的AI产品（包括AI软件、AI机器、AI机器人）上；其次，关注这些AI产品所依赖的数据和算法；最后，想方设法提高自己的判断力和领导力。

把上述事情做好，HR就可以更好地应用AI，从而为企业发展作出更大贡献。

2.2　现代HR：掌握AI使用方法，发挥最大价值

在科技浪潮席卷下，AI技术已深入各行各业，为企业带来前所未有的便利。在人力资源管理领域，AI同样发挥着举足轻重的作用。现代HR应熟练掌握AI使用方法，将其融入日常工作，使之成为提升自身工作效率的得

力助手。

2.2.1　深入了解AI，才能更好地使用AI

　　AI 的效用并非千篇一律，它在不同用户手中展现出的价值差异显著，这主要源于用户对 AI 的理解程度不同。对于 HR 而言，只有深入了解并熟练掌握 AI，才能发挥其最大效用。2022 年 11 月，人工智能研究实验室 OpenAI 正式推出一款名为 ChatGPT 的智能应用，迅速引发全网的关注和热烈讨论。

　　随着人工智能技术不断深入发展，越来越多的人工智能应用涌现。ChatGPT 是新一代人工智能聊天机器人模型的代表，其在文本处理方面的突破性表现，引领了人工智能内容生成领域的新潮流。各大企业纷纷布局，以抢占人工智能发展制高点。

　　作为一款先进的人工智能语言模型，ChatGPT 具备强大的自然语言处理能力，能够轻松理解并回答各类问题，与用户进行自然流畅的交互。通过与 ChatGPT 交流，用户不仅可以获取信息、休闲娱乐，还能解决诸多实际问题。丰富的知识储备和强大的语义理解能力，使 ChatGPT 能够胜任语言生成、情感分析、语义理解等多种复杂任务。

　　此外，ChatGPT 的开放性使得越来越多普通用户得以接触并了解人工智能技术，进而思考其对社会产生的深远影响。ChatGPT 的出现不仅拓展了人们对人工智能的想象空间，也为人们审视人工智能与人类之间的关系提供了全新的视角。

　　AI 是当下全球热门话题之一，是引领未来科技发展的风向标。它已经成为研究、开发用于模拟、延伸和扩展人的智能的理论、方法、技术及应用系统的一门新的科学技术。

　　人工智能是计算机科学的一个分支，致力于探索人类智能的本质，并研发出一种能以类似人类智能的方式处理问题的智能机器。

　　自人工智能诞生以来，随着理论和技术日渐成熟，其应用领域也不断扩大。人们在日常生活中已经接触了很多人工智能应用，如 ChatGPT 智能聊天模型、音乐网站的个性化推荐机制、人工智能医疗影像等。可以设想，未来的科技产品将会是人类智慧的"容器"，机器可以模拟人的意识、思维，像人那样思考，甚至可能在某些方面比人类更加智能。

人工智能共有四大技术分支，如图2-1所示。

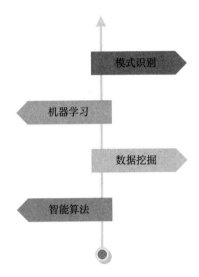

图2-1　人工智能的四大技术分支

（1）模式识别指的是对表征事物各种形式（如数值、文字、逻辑关系等）的信息进行处理，如汽车车牌号识别、图像处理等。

（2）机器学习指的是计算机通过重新组织已有的知识结构，不断完善自身性能，获取新的知识或技能，来模拟或实现人类的行为，如网站个性化推送消息、汽车导航等。

（3）数据挖掘指的是通过算法从知识库挖掘出有价值的信息，如市场分析、疾病预测等。

（4）智能算法指的是针对某类问题的特定模式算法，如工程预算、规划最短路径等。

人工智能的发展经历了三个阶段，如图2-2所示。

（1）弱人工智能。指的是擅长某个方面工作的人工智能。例如，战胜围棋世界冠军柯洁的AlphaGo就属于弱人工智能，它只会下象棋，如果我们问它"怎么炒菜"，它就不知道该怎么回答了。

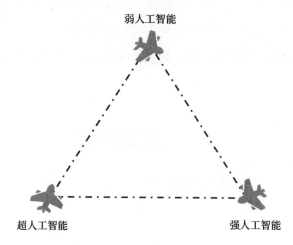

图2-2　人工智能的三个发展阶段

（2）强人工智能。指的是人类级别的人工智能。它在各方面都能和人类比肩，人类能干的大部分脑力工作它都能干。强人工智能比弱人工智能复杂得多，现阶段的人工智能技术还无法实现强人工智能。

（3）超人工智能。指的是各方面都超过人类的人工智能，可以承担人类无法完成的工作。人工智能思想家 Nick Bostrom（尼克·博斯特罗姆）将超人工智能定义为："在几乎所有领域都比最聪明的人类大脑聪明很多，包括科技创新、通识和社交技能。"

虽然目前的人工智能还处于弱人工智能阶段，但在许多领域已经有了较为成熟的应用。下面介绍几个人工智能的主要应用领域。

（1）机器人领域。人工智能机器人，如 PET 聊天机器人，可以理解人类语言，并用特定传感器采集、分析出现的情况，从而调整自己的动作和语言，实现与人类对话。例如，HR 可以利用 AI 机器人调查员工的满意度，收集员工的反馈和意见。

（2）语音识别领域。在语音识别领域，人工智能可以将语言和声音转换成可进行处理的信息，从而实现人与机器的语音交互。例如，语音开锁、语音输入等都是人工智能在语音识别领域的应用。在面试时，AI 能够利用语音识别技术记录候选人的回答，帮助 HR 快速收集大量信息，为 HR 提供决策依据。

（3）图像识别领域。在图像识别领域，人工智能可以进行更精确的图像处理、分析和理解，以识别各种不同的目标和对象，如人脸识别、商品识别等。例如，AI 可以利用人脸识别技术辅助 HR 进行工作考勤，提升 HR 的工作效率。

（4）专家系统。人工智能可以助力构建具有专门知识和经验的计算机智能程序系统，采用数据库中的知识数据和知识推理技术来模拟专家解决复杂问题。

2.2.2　提问技巧：解锁AI超能力

许多 HR 在与 AI 对话时经常会产生这样的疑惑："当我将 AI 作为聊天工具或搜索引擎时，能够得到相对准确的回答，但当我将 AI 作为解决问题的工具时，为什么常常出现文不对题的情况呢？"这是因为他们没有掌握提问技巧。

在与 AI 对话时，HR 可以使用高质量的提示词（Prompt），以提高 AI 回答的准确度。提示词指的是用户与 AI 对话时，能够引导 AI 回答特定答案的文字或者关键词。用户可以借助提示词，引导 AI 给出自己想要的回答。准确、清晰的提示词如同解锁 AI 超能力的钥匙，使其能够准确地做出回答。

如果要全面理解提示词在用户与 AI 对话中的重要作用，我们首先需要理解大语言模型（LLM）的运行机制。

大语言模型实现内容输出的基础是"学习"。这里的"学习"指的是模型按照一定的方法，从海量的文本和图像中提取信息，并将其纳入自身数据库，从而积累丰富的"知识"。

然而，仅仅拥有"知识"并不足以使大语言模型发挥出其全部潜能。模型还需要具备理解和思考的能力，以便能够准确分析用户意图并给出恰当的回答。这种理解和思考能力主要依赖于模型内部的神经网络算法，这些算法共同构成了模型的“大脑”，使其能够处理复杂任务。

尽管大语言模型具备丰富的“知识”和强大的“大脑”，但其潜能的发挥仍然需要依赖于用户的引导。在这方面，准确的提示词就显得尤为重要。AI能够作为辅助用户工作的工具，根据用户下达的指令执行任务。只有正确运用提示词，才能充分激发 AI 的潜能，获得满意的结果。

尽管不同的问题有不同的问法，但基本逻辑是相通的。接下来将通过具体案例讲解如何运用万能的提示词公式更加高效地与 AI 沟通。

例如，某用户在“文心一言”上提出“如何成为一名优秀的 HR”的提示词，AI 回答了一些策略与方法。虽然 AI 的回答看起来是正确的，但只是一些空洞的理论，缺乏实用的建议和实际的落地路径，如图 2-3 所示。

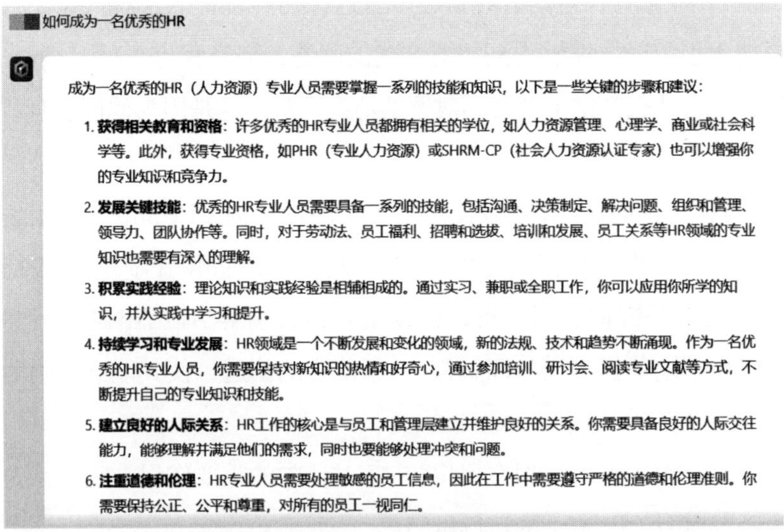
如何成为一名优秀的HR

成为一名优秀的HR（人力资源）专业人员需要掌握一系列的技能和知识，以下是一些关键的步骤和建议：

1. **获得相关教育和资格**：许多优秀的HR专业人员都拥有相关的学位，如人力资源管理、心理学、商业或社会科学等。此外，获得专业资格，如PHR（专业人力资源）或SHRM-CP（社会人力资源认证专家）也可以增强你的专业知识和竞争力。
2. **发展关键技能**：优秀的HR专业人员需要具备一系列的技能，包括沟通、决策制定、解决问题、组织和管理、领导力、团队协作等。同时，对于劳动法、员工福利、招聘和选拔、培训和发展、员工关系等HR领域的专业知识也需要有深入的理解。
3. **积累实践经验**：理论知识和实践经验是相辅相成的。通过实习、兼职或全职工作，你可以应用你所学的知识，并从实践中学习和提升。
4. **持续学习和专业发展**：HR领域是一个不断发展和变化的领域，新的法规、技术和趋势不断涌现。作为一名优秀的HR专业人员，你需要保持对新知识的热情和好奇心，通过参加培训、研讨会、阅读专业文献等方式，不断提升自己的专业知识和技能。
5. **建立良好的人际关系**：HR工作的核心是与员工和管理层建立并维护良好的关系。你需要具备良好的人际交往能力，能够理解并满足他们的需求，同时也要能够处理冲突和问题。
6. **注重道德和伦理**：HR专业人员需要处理敏感的员工信息，因此在工作中需要遵守严格的道德和伦理准则。你需要保持公正、公平和尊重，对所有的员工一视同仁。

图2-3　使用文心一言进行交互（1）

该用户进一步优化提示词，AI 给出了更为详细和有针对性的回答，如图 2-4 所示。

通过对比两次回答，我们不难发现，对提示词进行优化、修改后，AI 的回答更清晰、更详细，能够按照时间顺序从学习和工作两个方面提出建议。这样的回答才是提问者想要的回答。

假如你是一名具有三十年人力资源管理从业经验的HR, 对于人力资源管理领域具有独到的见解, 我是一名人力资源专业毕业的新人, 目前在一家企业从事HR的工作, 我如何在三年内成长为一名有丰富经验的HR, 请以一年为一个时间单位, 罗列清楚我在学习和工作方面应该怎么做

在三年内成长为一名有丰富经验的HR, 你需要不断地学习、实践和反思。以下是一个为期三年的学习和发展规划, 以一年为单位, 详细列出了你在学习和工作方面应该怎么做:

第一年: 基础建设与技能打磨

学习:

1. 深化人力资源基础知识: 阅读经典的人力资源管理书籍, 如《人力资源管理》、《组织行为学》等, 以巩固和拓展你的理论知识。
2. 了解行业最佳实践和法规: 关注人力资源行业的专业期刊、网站和社交媒体, 了解最新的行业趋势、最佳实践和法规变化。
3. 参与专业培训课程: 报名参加人力资源管理相关的培训课程, 如招聘与选拔、员工关系管理、薪酬福利设计等, 以提升你的专业技能。

工作:

1. 积极参与实际工作: 在日常工作中, 积极参与各类人力资源项目, 如招聘、培训、员工关系管理等, 以积累实践经验。
2. 建立良好的人际关系: 与同事、上级和下属建立良好的关系, 了解他们的需求和期望, 提升你的沟通协调能力。
3. 定期进行工作总结和反思: 每个季度进行一次工作总结, 分析自己在工作中的优点和不足, 制订改进计划。

第二年: 专业深化与领域拓展

学习:

1. 深入研究某一专业领域: 选择一个人力资源管理的专业领域, 如员工关系、招聘与选拔、薪酬福利等, 进行深入研究和实践。
2. 拓展相关领域知识: 了解与人力资源管理相关的领域, 如心理学、社会学、经济学等, 以拓宽你的知识视野。
3. 参与行业交流活动: 参加人力资源行业的学术会议、研讨会和交流活动, 与同行交流经验, 拓展人脉。

工作:

1. 担任关键项目角色: 在关键的人力资源项目中担任重要角色, 如负责某个部门的招聘计划或员工培训计划, 以锻炼你的项目管理能力。
2. 推动流程优化: 关注公司内部的人力资源管理流程, 提出改进建议并推动实施, 提升你的解决问题的能力。
3. 参与跨部门合作: 加强与其他部门的合作, 了解他们的需求和痛点, 为公司提供更全面的人力资源支持。

第三年: 领导力提升与战略规划

学习:

1. 提升领导力: 学习领导力相关的书籍和课程, 如《领导力21法则》《从优秀到卓越》等, 以提升自己的领导力。
2. 学习战略规划: 了解企业战略规划和人力资源管理的关系, 学习如何制定和执行人力资源战略规划。
3. 关注全球人力资源趋势: 关注全球范围内的人力资源管理趋势和发展, 为自己的职业发展做好准备。

工作:

1. 担任团队领导角色: 在人力资源部门中担任团队领导角色, 带领团队成员共同完成各项工作任务。
2. 制定并执行人力资源战略规划: 结合公司战略目标和业务需求, 制定人力资源战略规划并推动实施。
3. 参与公司高层决策: 积极参与公司高层决策过程, 为公司的发展提供人力资源方面的专业建议和支持。

通过以上三年的学习和工作计划, 你将逐渐积累丰富的实践经验、拓宽知识视野、提升专业技能和领导力, 最终成长为一名有丰富经验的HR专业人士。同时, 也要保持持续学习和自我反思的态度, 不断提升自己的专业素养和竞争力。

图2-4 使用文心一言进行交互 (2)

那么，第二次的提示词进行了哪些优化，从而使 AI 的回答更符合提问者的要求呢？我们可以对提示词进行拆解。首先，该用户为 AI 塑造了一个人设——"一名具有三十年人力资源管理从业经验的 HR，对于人力资源管理领域具有独到的见解"。这样的人设使得 AI 能够站在 HR 的角度思考问题，给出更贴近实际的答案。

其次，该用户详细描述了自己的背景——"一名人力资源专业毕业的新人，目前在一家企业从事 HR 的工作"。这样的背景介绍有助于 AI 更好地理解该用户的处境和需求。

最后，该用户明确了自身诉求，并给出了具体要求——"我如何在三年内成长为一名有丰富经验的 HR，请以一年为一个时间单位，罗列清楚我在学习和工作方面应该怎么做"。

通过对提示词的拆解，我们可以得到一个万能的提问公式：提示词 = 角色设置 + 背景陈述 + 主要任务 + 具体细节。

其中，角色设置指的是为 AI 设定一个具体角色，使其能够从该角色的视角回答问题；背景陈述指的是说明自身情况；主要任务指的是 AI 需要回答哪些问题；具体细节指的是问题的具体要求。这一公式能够帮助我们给出有效的提示词，从而引导 AI 给出更精准、更有针对性的回答。

初次使用 AI 的用户，只要掌握上述提示词公式，便可快速上手，提升自身对 AI 的驾驭能力。在使用提示词公式的同时，我们还需要掌握一些技巧，以进一步提升提示词的有效性与准确性。

1. 有逻辑地详细描述

如果用户仅输入一句提示语便让 AI 回答其问题，那么很难得到其想要的回答。例如，用户仅输入"请帮我写一个岗位招聘文案"，AI 并不清楚具体的岗位要求，输出的内容很难符合用户的预期。

因此，用户应该尽量详细地描述要求，并补充更多细节，使 AI 能够深入了解自己的需求，给出更有针对性的回答。

2. 提前约定输出格式

用户可以提前明确具体的输出格式，以便 AI 更加精准地生成用户期望的内容。例如，用户需要 AI 帮其总结一篇文章的内容，可以给出这样的提示词："你需要理解以下文章，并总结文章的内容，请按照以下格式生成内容：标题；摘要；人物；事情的起因、经过和结果"。这样，AI 便能够按照这一格式输出用户想要的内容。

3. 关注强调词和提示词的顺序

在输入提示词时，用户可以使用强调词突出自己的重点要求，如非常、特别、务必等。这样，AI 在输出内容时会特别关注这些方面。

提示词的前后顺序也会对 AI 的回答产生影响。例如，用户要求 AI 写一篇文章，并且提出了许多要求。这些要求中有许多提示词，这些提示词的前后顺序将会影响 AI 对相关内容的重视程度。

提示词的权重与排序有关，提示词排序越靠前，权重越高，越能引起 AI 的重视。因此，用户在输入要求时，一定要将重要的要求放在前面。

4. 提供一些逻辑提示

当用户难以准确描述自己想要的回答时，可以为 AI 提供一些逻辑提示和案例，以便其能够准确回答。

例如，用户可以为 AI 提供这样的逻辑提示："美食团购——美团；线上购物——淘宝；点外卖——美团外卖；找工作——"。通过前三个逻辑提示，AI 可以迅速理解其中的逻辑关系，并据此给出第四个提示词对应的答案。

5. 表达对答案的期望

用户可以向 AI 表达自己对答案的期望和要求，包括答案的详尽程度、准确性和解决方案的可行性等，以便 AI 能够输出更符合用户要求的内容。

例如，用户输入"我最近正在准备英语四级考试，为我定制一个专属的学习计划，我希望能够在两个月后考到 550 分以上"。在这段话中，按照学习计划在两个月后考到 550 分以上便是一个十分明确的期望，AI 能够根据用户要求为其量身定制一份学习计划。

6. 具体的行动步骤

如果用户询问一些专业性较强的问题，可以告知 AI 具体的步骤，以便确保 AI 输出的内容符合用户要求，不会出现太大偏差。

7. 输入相关知识

用户可以向 AI 提供其所需输出的内容所涉及的专业知识及相关理论，以帮助 AI 提前进行针对性学习。有了这些知识，AI 便能基于用户提供的信息，更加精准地执行任务，确保输出内容的准确性和专业性。

在熟练掌握提示词公式的同时，结合上述七大提问技巧，用户能够更加游刃有余地运用 AI，解决生活工作中的各种难题。

2.2.3　关键词激发提问灵感

在利用 AI 进行创作时，用户可能会因为缺乏话题导致交互陷入僵局。在这种情况下，用户可以利用关键词激发提问灵感，更好地与 AI 交互，获得自己想要的内容。合适的关键词可以使 AI 更好地理解用户提问意图，生成更加准确、有深度的内容。以下是一些建议，可以帮助用户更好地运用关键词。

1. 明确提问目的和受众

在与 AI 对话时，用户首先需要明确自己的提问目的和受众，以便更加准确地传递信息，确保 AI 生成的内容符合自己的期望。例如，某 HR 想要撰写一篇关于未来人力资源管理发展趋势的文章，就需要选择一些准确、生动的关键词，以吸引读者的注意力。

2. 精心挑选合适的关键词

用户需要精心挑选合适的关键词。用户可以通过互联网搜索相关话题，筛选出能够准确表达主题和观点的关键词。描述性的关键词尤为有效，因为它们能够更直观地传达用户意图，使 AI 更好地理解并生成符合用户需求的内容。

3. 适度挑选一些长尾关键词

长尾关键词指的是可以带来搜索流量的组合型关键词，能够更加具体地反映用户的搜索意图。在使用 AI 时，用户可以适当选择一些长尾关键词，使 AI 生成更加准确的内容。

4. 避免使用过于宽泛的关键词

如果用户使用过于宽泛的关键词，就会导致 AI 生成的内容不准确，缺乏深度和针对性。因此，在与 AI 对话时，用户应该选择更加具体、具有针对性的关键词。

5. 随时调整和优化关键词

在与 AI 对话的过程中，用户可能会发现 AI 生成的一些内容不符合自己的要求。针对这种情况，用户可以随时调整和优化关键词，直至 AI 生成令自己满意的答案。

综上，用户在使用 AI 时需要掌握一定的关键词提问技巧，通过明确提问目的和受众、精心挑选合适的关键词、适度挑选一些长尾关键词、避免使用过于宽泛的关键词、随时调整和优化关键词等方式，更好地引导 AI 生成符合自己需求的高质量内容。

2.2.4　HR必须懂得如何运用AI

在当下的商业环境中，越来越多企业开始重视 AI 技术，将其应用于人力资源管理。但是 AI 技术有一定的使用门槛，HR 需要具备一定的专业知识和操作技巧，才能充分发挥其潜力。以下是一些建议，可以帮助 HR 更好地利用 AI 技术。

1. 对数据进行收集与整合

HR 需要系统地收集和整合员工的多维度数据，包括但不限于员工的个人简介、教育背景、工作经历等。HR 可以通过第三方软件、专业机构背景调查以及员工个人填写的资料等多种途径获取员工的这些数据。HR 需要将这些数据整合到统一的平台，为后续的 AI 分析提供数据基础。

2. 对员工需求进行分析

HR 可以借助自然语言处理和机器学习技术深入剖析员工需求。例如，借助 AI 对员工的日常工作内容进行分析，精准识别员工在工作中的不足之处，进而为培训内容的打造提供有力依据。此外，AI 还可以协助 HR 收集员工的工作满意度数据，帮助 HR 找到改进方向，从而提升员工的工作满意度。

3. 打造合适的培训内容

AI 技术在打造培训内容方面发挥着重要作用。通过对员工需求的分析，AI 能够为他们制订具有针对性的培训方案，包括精选的课程、书籍和文章等。这些资源不仅符合员工的发展需求，还能有效提升他们的能力。而且，AI 还能根据员工的学习进度和反馈，及时调整课程安排，确保培训效果最佳。

4. 培训效果评估

AI 技术具备对员工学习进程的实时追踪能力，从而能够精准地分析员工的学习效果。例如，AI 可以依据员工的学习频次、课程观看进度、课后作业质量等多维度数据，综合评估培训成效；通过对比培训前后员工的工作完成度和效率，判断其是否真正受益于培训，进而为 HR 提供有价值的反馈。

5. 培训资源优化

基于对员工表现的综合评估，AI 能够实现对培训资源的优化配置。例如，通过深入分析数据，AI 能够识别出哪些课程对员工能力提升有显著效果，从而指导 HR 将更多资源投入到这些优质课程中，同时减少或取消对员工能力提升效果有限的课程。此外，AI 还能根据不同部门的岗位需求，协助 HR 打造更具针对性的培训课程，确保培训资源得到合理分配和高效利用。

6. 培训计划调整

AI 具备根据员工数据动态调整培训计划的能力。当数据分析结果揭示出某个部门员工在特定领域存在明显短板时，AI 能够迅速反应，增加相关领域的课程内容，以满足员工的学习需求。同时，对于学习进度较慢的员工，AI 也能提供个性化辅导方案，帮助他们克服学习障碍。这种灵活调整的机制确保了培训计划与员工需求高度契合。

7. 实现培训效果可视化

AI 能够将数据以图表形式呈现，使 HR 能够更加清晰地了解培训计划的执行结果。例如，AI可以生成员工学习进度图、能力提升曲线图、培训资源投入产出比等可视化报告，使HR更加直观地看到培训效果，为决策提供有力支持。

总之，AI技术在人力资源管理领域的应用十分广泛。HR应当学会如何运用AI，以满足员工的学习和发展需求，为企业培养更多优秀人才，推动企业持续发展。

2.3　HR如何在AI竞争中突出重围

AI的发展对于HR来说既是机遇也是挑战，HR应当积极了解和使用AI，发挥其辅助作用。同时，HR应当提高自身能力，避免在激烈的竞争中被取代。HR想要在AI竞争中突出重围，应当着重提高以下四个方面的能力：一是提高专业能力，体现专业性；二是拓展社交资源，将积累人脉作为重要任务；三是实现业务跨界，广泛涉猎业务；四是提高沟通情商，以用户思维优化体验。

2.3.1　专业能力：体现你的专业性

HR想要更好地开展工作，首先需要提高自身的专业能力，在工作中体现自己的专业性。具体来说，HR需要掌握并运用人力资源管理专业知识，结合业务部门实际需求，提供人力资源方案支持；需要不断学习，夯实专业理论基础，在工作中不断实践和思考，提升自身专业度；需要关注专业领域的前沿动态，了解并掌握最新的专业知识，以更好地支持业务部门发展。

总体来说，HR需要具备的专业能力不是处理日常事务性工作的能力，而是基于战略的专业能力和系统的专业知识，并能将专业与业务相融合，在企业管理中发挥战略支撑作用。

基于战略的专业能力是指，HR需要在思维方式及工作方法上跳出人力资源管理的传统框架，从长期和全局角度提出切实可行的解决方案。

与传统HR的专业能力相比，基于战略的专业能力有什么不同？前者往往与人才的选育用留、协调关系、薪酬管理等相关，而后者立足全局，从战略角度出发进行人力资源管理。具体而言，基于战略的专业能力可以细分为以下三项能力，如图2-5所示。

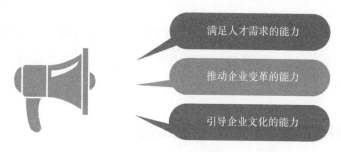

满足人才需求的能力

推动企业变革的能力

引导企业文化的能力

图2-5 基于战略的专业能力细分为三项能力

1. 满足人才需求的能力

在人才管理方面，HR 扮演着举足轻重的角色。一方面，他们需要满足企业对各类人才的需求，特别是对核心技术人才的需求。HR 需深入解析企业的发展战略与规划，据此制订详尽的人才计划，确保人才配置与战略目标高度契合。一旦发现符合企业需求的人才，HR 应迅速行动，将其安排在合适的岗位，并设计个性化培养方案，助力其迅速成长为企业的中坚力量，从而为企业创造更多价值。

另一方面，HR 还需全面分析企业的人力资源现状，通过与竞争对手的对比，明确企业的优劣势，进而制定科学合理的激励制度。这一制度旨在激发员工的工作热情，提高他们的工作积极性，增强员工对企业的归属感。

2. 推动企业变革的能力

随着企业不断发展，变革成为常态。在不同的发展阶段，企业的组织架构也会发生相应变化。当企业面临整顿或战略调整时，HR 的作用显得尤为重要。虽然他们不直接参与战略的制定，但他们需要具备大局观，能够系统性地开展一系列工作，间接推动战略的执行。

首先，在制定和执行战略的过程中，企业内部往往存在诸多分歧，HR 需要充当桥梁的角色，促进员工、业务部门经理、企业管理者等各方的沟通交流，确保各方意见的一致性和战略的有效实施。其次，HR 需要建立更高效的管理体系，涵盖薪酬管理、绩效管理、培训管理、员工职业生涯规划以及工作流程设计等多个方面，为企业的稳定运营提供有力支撑。最后，HR还需关注岗位的动态管理，通过梳理和分析岗位，明确各岗位的价值和职责，确保企业人力资源得到合理配置。

3. 引导企业文化的能力

企业文化对企业的发展是十分重要的，能够通过影响员工的思想和行为，增强员工的责任感和凝聚力。作为企业文化的传播者和塑造者，HR应具备提炼和升华企业文化的能力。他们应深入挖掘企业的核心价值观和精神内涵，通过各种渠道积极宣传企业文化，让其在员工心中生根发芽。同时，HR还应关注企业文化的落地实施，通过改善工作环境、优化工作流程等方式提升企业文化的执行力和影响力。

总之，随着时代的不断发展，HR应与时俱进，跳出传统思维的束缚，树立全局观，不断提升自己基于战略的专业能力。

2.3.2　社交资源：积累人脉是重要任务

对于HR来说，人脉十分重要。人脉不仅是职场中不可或缺的一部分，还可以扩大交际圈，拓展眼界，帮助HR了解和学习行业经验。如果HR能够结识一些优秀人才，无疑为自己的招聘工作增加了成功的砝码。那么，HR应该如何拓展人脉，结识更多优秀人才呢？

首先，HR要整合自己手中现有的人才资源，明确自己拥有的"底牌"。其次，可以利用业余时间，参加线下培训会以及各种展会。线下培训会是一个很好的交友平台，HR可以在培训会中锻炼自己的沟通能力，拓展人脉。

作为行业精英的聚集地，展会为HR提供了与业内人才深入交流的机会和平台。HR应积极参加展会，与行业内的优秀人才深入交流，提升自己的专业素养，结识潜在的合作伙伴。在交流过程中，HR可以与对方互留联系方式，保持长期沟通与联系。

此外，招聘网站、微博、微信公众号等社交媒体也是HR拓展人脉的重要平台。通过招聘网站，HR可以与同行建立联系，了解行业现状与发展趋势。微博、微信公众号等社交媒体则可以帮助 HR 发现行业精英，通过私信等方式与其建立联系，进一步拓展人脉。

在与行业人才建立融洽关系的基础上，HR 可以就企业的人才需求、现状等话题与其进行深入沟通，寻求他们的专业建议，不断提升自己的专业水平。

HR 需深知，与行业人才的交往并非一蹴而就，而是需要长期投入与经营。一方面，HR 需不断提升自己的专业素养，注重内在修养与外在形象的双重提升；另一方面，HR 应主动出击，珍惜每一个结识人才、拓展人脉的机会，在工作和生活中有意识地扩大自己的交际圈，为寻找目标人才、拓展人脉做好充分准备。

2.3.3　业务跨界：广泛涉猎+理解业务

HR 不仅需要提高自己的专业能力，还需要深入了解并持续关注企业业务。只有充分了解业务，HR 才能准确把握企业发展战略，进而制定合适的人员规划。

HR 想要深入了解业务可以从两方面着手：一是广泛涉猎；二是理解业务。

一方面，HR 需要通过广泛学习对业务本身和业务部门有一定的了解。那么，具体应该从哪些方面入手来了解业务呢？如图 2-6 所示。

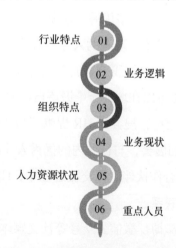

行业特点　01

02　业务逻辑

组织特点　03

04　业务现状

人力资源状况　05

06　重点人员

图2-6　HR需要了解的业务知识

1. 行业特点

分析行业特点的目的有两个：一是加深对企业所在行业的了解，树立全局观念；二是为业务部门的发展和竞争策略的制定提供参考依据。

HR可以通过以下几个方面来了解行业特点。

（1）行业现状梳理：分析行业的产业链、商业模式等。

（2）竞争格局判断：了解行业内的巨头企业和竞争格局。锁定竞争对手之后，对其进行系统分析，包括分析其产品、财报、专利、口碑、招投标信息等。

（3）行业发展趋势：分析行业发展前景、市场结构、用户规模等。

（4）行业人才地图：分析目标人才的规模、薪资水平、跳槽动机等，了解什么样的企业对他们而言才是有吸引力的，了解他们对自己企业的评价。HR需要系统地收集整合这些内容，以得到一个明确的人才地图。

在对行业特点进行梳理时，HR还需要思考以下问题。

（1）行业内的企业主要提供什么产品或服务？其上下游是什么？

（2）行业平均利润率是多少？标杆企业有哪些？可以对标的企业有多少？

（3）影响行业发展的因素有哪些？标杆企业的优势和这些因素的关联性强不强？

（4）行业发展历程是怎样的？目前企业处于哪个发展阶段？

（5）标杆企业下一步的战略是什么？企业应制定怎样的赶超策略？该策略可行吗？

通过思考以上问题，HR可以从战略层面、行业层面深入了解业务，熟悉业务场景，为之后参与业务奠定坚实基础。

2. 业务逻辑

业务逻辑是指一个业务单元为了向另一个业务单元提供服务而应具备的规则与流程。当业务部门经理和HR探讨业务应如何开展时，HR应从哪些维度思考业务逻辑？

（1）用户是谁：从用户角度思考业务。

（2）价值计划：明确为什么用户要从企业这里而不是竞争对手那里购买产品的价值定位。

（3）价值提供：企业对用户所做承诺的具体的利益表现，如产品、信息、服务等。

（4）资源资产能力：企业在其核心业务领域创造竞争优势、配置资产的能力，具体表现为人员、设备、技术、渠道、品牌等。

（5）流程：思考业务的具体流程，需要哪些资源，能够解决什么问题。

（6）合作伙伴：包括纵向和横向合作伙伴。纵向合作伙伴指能够助力企业经营业绩提升的上下游合作伙伴；横向合作伙伴指可以帮助企业提高产品和服务价值、维系良好用户关系的供应商。

（7）获利模式：即如何盈利。企业要为用户创造价值，同时也要为自己创造价值，即以盈利的方式满足用户需求。

3. 组织特点

HR 应从组织视角出发，解决企业内部各组织持续发展的问题。组织发展离不开 HR 对战略、业务、环境、人才的关注，HR 需要分析环境变化，以战略为出发点，以组织视角吸引和培养人才，解决业务发展中存在的问题。

4. 业务现状

业务现状包括业务战略、目前的业务瓶颈、存在的机会与挑战等。要想将自己的工作和业务紧密结合起来，HR 就需要对业务模式进行深入分析，了解业务是如何运作的。

HR 要了解目标用户群体，确定他们的需求以及连接渠道，明确业务如何盈利，凭借哪些核心资源实现盈利，并根据综合成本定价。

5. 人力资源状况

HR 需要了解业务部门的人力资源状况，包括人力资源信息、人员结构、人才机遇和挑战、人才成长规律等。通过对上述内容的分析，HR 能够确定员工任职水平和人岗差距，从而挖掘员工潜能，并进行有针对性的调整和规划，确保人力资源得到合理配置。

6. 重点人员

HR可以借助重点人员了解业务。重点人员主要分为三类。

（1）业务部门经理：只有得到业务部门经理的支持，HR才能更好地了解业务并开展工作。

（2）意见领袖：意见领袖是团队中影响力较大的员工。能否获得意见领袖的支持，对于HR能否在团队中树立权威、顺利开展工作至关重要。通过与意见领袖建立良好的关系，HR能够更容易地获得其他员工的信任和支持，进而更深入地了解业务运作的细节。

（3）业务专家：业务专家指的是业务部门中能力突出、技术水平高的高素质人才，是业务部门的中坚力量。他们可以帮助HR快速了解业务，精准地把握业务发展的方向和重点。

通过对以上六个方面的深入了解，HR能够对业务的内外部环境、具体环节、工作流程、发展现状等有一个全面的了解。在此基础上，HR能够更好地串联各方面的业务知识，了解业务运作的逻辑，为企业的业务发展提供良好的人力资源支持。

另外，HR还需要对一些重要业务进行深入学习，并掌握一些业务语言。业务语言是业务部门日常工作、团队沟通的常用语言，也是HR工作中的基础性语言。HR需要按部就班学习相应的业务语言，逐步理解业务内容。业务理解是循序渐进的，具有三个层次，如图2-7所示。

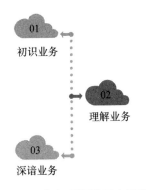

初识业务
理解业务
深谙业务

图2-7　业务理解的三个层次

1. 初识业务

初入业务部门，HR需要参加业务会议，研读行业报告，对企业所在行业及业务有一个总体的了解，同时对业务部门有一个初步的判断。

在了解行业与业务方面，HR可以通过互联网查询、研读行业报告等方式了解企业所在行业的基本特点，如业务特点、业务评价指标等，对行业和业务有一个大致了解。

在了解业务部门方面，HR可以通过观察、沟通等方式，感受业务部门的行事风格和文化氛围，及时调整自身，快速融入业务团队。

2. 理解业务

想要深入参与业务，HR就要丰富自己的业务语言，结合企业实际情况，理解企业的业务、拥有的资源、用户关系和业务流程图。

HR要通过分析业务策略和市场环境，对企业的业务进行评价；了解企业组织架构和内部分工，绘制清晰的业务流程图；从属性、存量、增量等维度分析用户，绘制用户画像，并分析与用户交互的场景；聚焦企业拥有的资源，为推动业务升级和发展提出解决方案。

3. 深谙业务

在理解业务基础上，HR要从全局出发，观察整个业务链条，思考企业的商业模式，做到深谙业务。HR要具有财务数据分析能力，通过财务数据反观企业业务策略、市场活动、管理行为的有效性和科学性。同时，HR要明确企业各流程节点的内在支撑关系，提炼企业的商业模式框架。

企业的商业模式框架包括基础设施、产品/服务、用户、财务等内容，解释了企业价值创造、传递、获取等基本原理。

业务语言的学习或许是晦涩无趣的，但HR要静心钻研，以实际业务问题为导向，加强业务语言学习，并通过市场反馈不断修正自己对业务语言的理解，最终做到深谙业务，为业务部门提供有效帮助，真正实现自己的价值。

2.3.4 沟通情商：以用户思维优化体验

职业属性决定了HR需要经常与他人沟通并与他人建立良好的关系，这就要求 HR 需要拥有一定的情商，能够从用户角度思考问题，与其他部门协同合作。

木棉是一家服装公司的 HR，最近她感到十分困惑。虽然她十分积极主动地工作，工作能力也比较强，但是业务部门经理每次见了她都没有好脸色。

后来，在一次会议散场时，木棉叫住了业务部门经理，与他进行了沟通。业务部门经理表示，木棉总是用公司的人力资源政策作"挡箭牌"，给他一种"这不能做""那也不能做"的感觉，并且，每次和木棉沟通问题时，她总会以"这是公司的要求"为由反驳他的想法，根本没有站在业务部门的角度思考问题。虽然知道木棉工作认真努力，但是业务部门经理并不认可她的做法。

上述案例中的现象在很多企业都存在，为什么业务部门"痛恨"HR？原因之一就在于 HR 没有改变思维方式，仍沿用传统的管控思维开展工作。在管控思维下，HR 的工作重点在于制定目标、配置资源，用领导来牵引，用控制来纠偏。HR 关注的是各职能模块的目标是否完成，以确保企业最终绩效目标的实现。同时，各模块间往往是独立运作的，强调合规性和低成本，因此 HR 会控制人力预算、压缩培训成本、扣除绩效工资、降低加薪幅度等。这种管控会遭到业务部门的"痛恨"。

要改变这种局面，HR 必须意识到人力资源部门和业务部门所面临的压力都来源于用户。换言之，HR 要和业务部门并肩作战，共同为用户创造价值。

用户重视服务品质，HR 就应围绕"品质"开展人才"选、育、用、留"工作；用户关注性价比，HR 就应以降低成本和提升性能为目的进行考核；用户注重体验感，HR 就应围绕场景打造和服务流程优化开展工作。在这种逻辑下，HR 的工作能够更好地为业务部门服务，帮助业务部门实现目标。

在工作中，HR 要从管控思维向用户思维转变。用户思维是一种积极主动地为用户提供优质服务的思维，其内容主要包括以下三个方面，如图 2-8 所示。

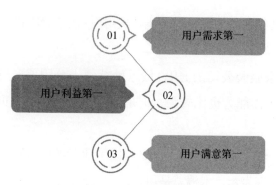

图2-8　用户思维的内容

1. 用户需求第一

HR 应始终以用户需求为导向，确保每一项工作都围绕用户展开，避免无效投入。当现有工作方式无法满足用户需求时，HR 就要灵活调整工作方式，优化人力和资源分配。同时，HR 要把握尺度，避免超出用户认知范畴和承受极限，确保工作既符合用户需求又不过度。

2. 用户利益第一

HR 应设身处地为用户着想，将用户利益放在首位。用户利益表现在多个方面，HR 需精准捕捉用户的核心利益点，并以此为导向开展各项工作。同时，HR 要运用用户思维审视自己的工作，确保自己的工作没有偏离轨道。

3. 用户满意第一

HR 应以用户满意为最终目标，致力于为用户提供便捷、高效的服务，并根据用户反馈，不断优化工作流程，提升服务水平。同时，HR 应持续提升自身专业素养，确保能够为用户提供更加优质、专业的服务，进而提升用户满意度。

只有实现从管控思维向用户思维的转变，HR 才能从用户需求出发，统筹协调业务部门的工作，为业务部门提供更具针对性和科学性的指导。基于此，HR 与业务部门能够共同服务用户，HR 与业务部门的关系将更加和谐，沟通将更加顺畅，从而实现共同推动企业更好发展。

实战篇

AI 推动"选育用留"变革

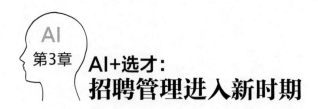

第3章 AI+选才： 招聘管理进入新时期

AI 在人力资源管理领域的应用，改变了传统的招聘流程。AI 与选才相结合，使得招聘管理进入新时期。AI 能够应用于招聘前、招聘中和招聘后，有效优化企业招聘流程，提高招聘效率及人才与岗位的匹配度。

"AI+选才"不仅意味着信息技术的革新，更意味着人力资源管理方法的转变。人力资源部门不再依靠人工筛选简历，而是借助算法和数据分析更快地筛选符合岗位要求的人才。

3.1 AI让招聘"换新颜"

AI 在招聘领域的应用为招聘带来了全新面貌，使招聘变得更加智能化与精准化。AI 能够应用于编辑岗位 JD(Job Description，职位描述)、自动批量拨打求职者电话、智能筛选简历等方面，有效提高招聘效率，使招聘"换新颜"。

3.1.1 AI创作：精准编辑岗位JD

AI 在人力资源管理领域的应用首先表现在创作方面，企业可以利用 AI 进行创作，精准编辑岗位 JD，明确详细的岗位需求。AI 能够帮助 HR 从重复性工作中解放出来，还能助其精准把握问题的核心。

AI 技术在编辑岗位 JD 方面的应用主要体现在以下几个方面。

（1）AI 能够根据预设的模板和岗位的基本要求自动生成职位描述，极大地提高了工作效率。

（2）AI 能够根据岗位的历史数据、候选人反馈等，对岗位描述进行优化，使关键词更为精准，从而吸引并筛选出更加合适的候选人。

（3）AI还具备智能推荐关键词的功能，通过对比一个岗位与其他相似岗位，分析出精准的关键词，进而编写出更为贴切、更具吸引力的岗位描述。

例如，Beamery是一家智能招聘企业，致力于利用AI赋能招聘，吸引、留住优秀人才。

Beamery打造了一个辅助HR开展招聘工作的生成式AI招聘工具——TalentGPT。TalentGPT的功能十分全面，能够对优秀人才进行搜索、匹配，自动推荐候选人，对人才进行全面分析，实现招聘全流程自动化，为企业提供人才高效筛选和管理服务。

VMware是一家知名的云服务提供商，在人才招聘方面主要存在四个问题，如图3-1所示。

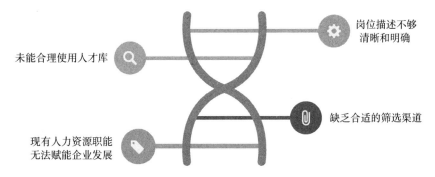

图3-1　VMware在人才招聘方面存在的问题

1.岗位描述不够清晰和明确

在招聘过程中，企业的首要任务是明确岗位所需人才的具体要求。如果岗位描述不够清晰明确，会导致求职者的条件与岗位需求产生偏差，找到合适候选人的可能性就会降低。这不仅增加了招聘成本，还可能阻碍企业的发展。

2.未能合理使用人才库

企业内部事务繁多，对人才数据库的管理往往力不从心。人才数据库内容庞杂且分散，缺乏系统的统计、归纳和整理，导致利用率低下。这不仅使企业错失了许多潜在的优秀人才，还可能影响企业的整体人才储备和竞争力。

3. 缺乏合适的筛选渠道

现有的招聘渠道在信息传递效率方面存在明显不足，无法将岗位需求精准地传递给目标候选人。这不仅降低了招聘效率，还可能使企业错失与优秀人才接触的机会。

4. 现有人力资源职能无法赋能企业发展

HR 被大量传统的事务性工作所牵绊，无法对人才数据进行深入、有效的分析。这不仅影响了 HR 自身的工作效率，更可能导致企业无法准确把握人才市场动态，进而影响到企业战略目标的制定和实施。

为了解决这些问题，VMware 选择与 Beamery 展开合作，在招聘标准、招聘策略等方面进行优化，有效实现了招聘目标。具体来说，Beamery 为 VMware 提供了以下解决方案。

（1）深入了解 VMware 的招聘需求后，Beamery 从多个维度（如企业背景、技能需求以及候选人特质）进行了全面细致的分析，从而精准地整理出招聘需求，并筛选出最合适的候选人。

职位描述的精准性直接决定了候选人匹配的效率。在后续专项招聘会中，VMware 凭借精准的职位描述，成功锁定了百名优质候选人，牢牢掌握了招聘主动权。

（2）Beamery Recipes(Beamery 软件的一项功能) 在接收到指令后，会对新的求职者进行标记，为企业初步筛选求职者以及与求职者沟通提供了有力支持。企业还可以根据自身招聘计划下达更为复杂的指令，以满足多样化的招聘需求。此外，Beamery 还能按照既定标准对候选人进行优先级排序，极大地提高了筛选效率，从而加速了整个招聘流程。

VMware 利用 Beamery Recipes 的自动沟通与筛选功能，能够快速与候选人联系。VMware 拥有十几万份候选人资料，保证不遗漏任何一名候选人。

（3）搭建候选人社群。VMware 搭建了候选人社群，能够更好地与储备人才进行交流和沟通。Beamery 具有自动向社群新成员发送邮件的功能，根据成员的学历、学校和技能等对其进行分类并将其添加到人才库中。

VMware能够通过社群向成员发送空缺职位，为成员提供了更多求职机会，有效维护了与储备人才之间的关系。在长期精心运营下，VMware的社群聚集了上万名人才，许多人通过该渠道应聘并成功找到工作，实现了有效转化。

（4）招聘数据看板可视化。VMware能够为企业提供招聘数据看板，企业可以随时查看招聘数据，对不同地区的招聘数据进行比较、分析，从而优化自身的招聘策略，提升招聘效果。

经过对招聘数据的全方位分析，VMware有效提高了招聘效率和人才转化率，并使招聘策略与企业整体发展战略保持高度一致，为企业长远发展奠定了坚实基础。

AI以其强大的文本输出功能对岗位JD进行精准编辑，能够减少HR的重复性工作，帮助HR将精力投入到更有价值的工作中，为企业创造更多效益。

3.1.2 AI外呼：自动批量拨打求职者电话

HR往往通过拨打电话的方式通知求职者面试，这项工作机械性、重复性强，往往耗费大量人力成本。AI外呼可以取代人工操作，自动批量拨打求职者电话，提高工作效率，降低人力成本。

AI外呼需要进行以下几个操作。

（1）数据导入。首先，HR需要将求职者的数据批量导入AI外呼软件，确定拨打电话的范围。

（2）拨号设置。HR需要对AI外呼软件进行电话拨号设置，包括外呼的时间段、重复外呼的次数、重复外呼的时间间隔、重复外呼的号码显示等。

（3）录音留言。求职者接通电话后，AI外呼软件会自动录音、存档，并进行管理和分析。如果求职者的电话始终无法拨通，AI外呼软件会给求职者的语音信箱留言。

（4）数据整合。AI外呼软件能够整合数据，如将通话结果、求职者的需求整合，从而不断优化和升级外呼话术。

AI外呼软件具有以下优势。

1. 提高HR的工作效率

AI外呼软件能够有效分担HR的工作，使HR将精力放在其他更重要的核心业务上，提高工作效率。

2. 提高候选人满意度

AI外呼软件能够对候选人信息进行实时处理，即时解决候选人的问题，还可以对候选人的问题进行追踪反馈，从而提高候选人满意度。

3. 提高拨号效果

AI外呼软件具有自动化、快速等特点，可以不间断地拨号，有效提高呼出率，增强外呼效果，及时通知每一位候选人。

作为一种智能化的招聘工具，AI外呼软件具有高效、智能、自动化等特点，可以帮助HR提高工作效率，创造更多价值。

3.1.3　AI筛选：智能筛选求职者

将AI技术应用于人力资源管理已经不是新鲜话题，但仍是热门话题。在激烈的市场竞争中，借助科技的力量进行创新是企业取得竞争优势的关键。

创新的核心是人，现代企业管理的核心是以人为本，因此企业应做好人力资源管理工作。如何做好这项工作，使其不断升级，是每一个企业都应该思考的问题。

例如，李某是一家线上房地产经纪企业的创始人，他的企业最开始只有十几名员工。随着企业发展壮大，在短时间内，他需要招聘很多新员工，这让李某很头疼。面对大量的简历，他感到手足无措。

借助AI技术，李某的问题有了解决方案。利用AI技术，李某能够对求职者上班第一天可能的工作表现进行线上模拟，极大地简化了简历筛选流程，提高了效率。更为重要的是，AI能够深入分析求职者的个人特质，借助自然语言处理、机器学习等先进技术为每位求职者构建详尽的个人心理档案，从而精准地判断其是否与企业的文化氛围相契合。

例如，AI能够通过分析求职者在日常沟通中使用的词汇，如"请""谢谢""您"等礼貌用语来评估其同理心和接待客户的能力。这种分析方法不仅有助于李某更全面地了解求职者的个性特点，还能为李某评估求职者的面试表现提供客观的衡量标准。在AI协助下，李某得以在短时间内从众多求职者中筛选出适合企业的优秀人才。

实际上，AI不仅可以应用于招聘工作，还可以帮助企业分析工作人员与岗位之间的契合度，从而进一步促进人岗协调。相较于完全依赖人力对求职者进行筛选和评估，AI的引入无疑为企业带来了更为高效和精准的解决方案。

3.2　AI助力面试，面试效率不断提升

AI技术已经深入渗透到面试的每一个环节，无论是面试前的通知模板编辑、发送提醒，面试中的问题设计、流程安排，还是面试后的打分与反馈评估，AI都发挥着不可或缺的作用。智能化的面试方式极大地解放了HR，使面试效率得到显著提升。

3.2.1　面试通知模板及发送提醒

发送面试邀请短信是HR日常工作中不可或缺的一环。一条优质的面试通知短信不仅能够有效提升候选人的参与意愿，还能够降低沟通成本，提升招聘工作整体效率。

例如，方便面AI面试是一个AI招聘管理系统，不仅具备强大的AI面试功能，还提供了智能邀约服务，能够高效完成HR与候选人之间的匹配工作。

HR通过电话、微信或其他沟通软件手动发送面试邀请，需要消耗大量时间与精力，效率低下。为此，方便面AI面试推出了手动与自动两种邀约模式，极大地提升了面试邀约的效率。

（1）批量直接邀约，简化流程。在确定面试人选后，HR 可以通过系统对候选人进行批量邀约。只需设定好面试时间、地点等关键信息，系统便能自动通过短信、电话、邮件等多种方式向候选人发送通知。此外，通知内容还可以根据岗位需求个性化定制，信息更加精准有效。

（2）智能预约，自主选择面试时间。HR 可以设定自己的空闲时间段，候选人则可以根据自己的时间安排自主选择合适的面试时间。这一功能不仅提升了面试安排的灵活性，还进一步提升了招聘效率。

除了使用 AI 招聘管理系统，HR 还可以借助 ChatGPT、文心一言等 AI 工具编辑面试通知模板。在使用这些工具时，HR 需要注意以下两点。

（1）内容简洁明了。HR 在编辑模板时，应确保重要信息，如时间、地点、职位等清晰明了，避免冗长的描述和复杂的句式，以便候选人能够快速理解并做出回应。

（2）语言专业友好。在使用 AI 编辑模板时，HR 应确保语言的专业性和规范性，同时保持友好亲切的语气，使候选人感受到企业的专业与关怀。

综上所述，发送面试邀约通知是 HR 工作中的重要环节，其质量和效率直接影响到整个招聘流程的推进。利用 AI 技术编辑面试模板和优化发送提醒，HR 能够更加高效地完成招聘工作，提升招聘效率。

3.2.2　面试问题设计：专业问题+价值观问题

HR 可以运用 AI 来设计更加精准的面试问题，确保招聘到具备企业（岗位）所需专业能力和价值观的优秀员工。以下是运用 AI 设计面试问题的一些建议。

1. 如何运用 AI 设计专业问题

（1）基于数据分析生成问题。HR 可以利用 AI 对候选人过去的工作表现、技能掌握情况、项目经验等数据进行深入分析，从而生成与候选人工作背景和经历密切相关的专业问题。

（2）模拟实际情境。AI 可以模拟实际工作情境，设计情境模拟题，以评估候选人在实际工作中运用专业技能解决复杂问题的能力。

（3）智能推荐面试问题。根据已有的面试数据和候选人资料，AI可以为HR推荐一系列问题，确保全面覆盖所需专业知识和技能。

（4）自动化问题反馈。AI可以实时分析候选人的回答，及时给予候选人关于回答质量、深度、逻辑等方面的反馈，帮助HR更加准确地评估候选人的专业能力。

2. 如何运用AI设计价值观问题

（1）情感分析和语气识别。HR可以借助AI情感分析技术，在面试过程中分析候选人的语速、语气等细微变化，深入洞察候选人的心理状态，以便更准确地筛选出与岗位需求相契合的候选人。

（2）价值观匹配分析。AI可以根据岗位需求、企业文化及核心价值观等因素，自动生成一系列与价值观相关的面试问题。这些问题不仅可以帮助HR深入了解候选人的价值观，还能够将候选人的价值观与企业核心价值观进行匹配，从而筛选出更符合企业发展需求的候选人。

（3）智能回答系统。AI可以对候选人的回答做出反馈，指出哪些回答与企业的价值观相符、哪些相反，帮助HR更加准确地判断候选人的价值观。

例如，联合利华将AI面试作为招聘流程的重要一环。在面试中，候选人需要回答一系列与岗位相关的问题，如个人背景、工作经验、专业技能、价值观等。AI会根据候选人的回答与表现进行自动评分与分析，从而为HR生成一份全面的评估报告。在面试问题的设置上，HR可以利用AI的优势，分析大量数据和岗位需求，设计出一系列具有针对性和开放性的问题，更高效地筛选出更符合企业文化和发展需求的候选人。

运用AI设计面试问题，HR不仅可以高效地进行招聘管理，还能够保证招聘到的人才具有相应的专业能力，并且其价值观与企业的文化和核心价值观高度契合。这有助于提高员工的满意度与留任率，促进企业的长期发展。

3.2.3　面试打分及面试反馈

AI在招聘中的作用日益凸显，正以其独特的优势逐步改变传统面试模式。它不仅能够根据预设的标准进行面试打分，还能提供全面而深入的面试反馈，为 HR 评估候选人提供依据。

AI面试打分的核心在于采用同一套面试标准来客观评估所有候选人，确保面试过程的公平性。在进行面试打分时，AI主要从以下几个维度进行综合考量，如图 3-2 所示。

图3-2　AI进行面试打分的评判依据

1. 言语表达

凭借先进的自然语言处理技术，AI 能够对候选人的回答进行实时、细致分析，从词汇的选择、语法的正确性到语义的连贯性，全方位评估候选人的表达能力。同时，AI 还会关注候选人是否使用专业术语、表达是否流畅以及回答是否有逻辑，从而给出相应的分数。

2. 情绪与微表情识别

AI 具备强大的情绪与微表情识别能力，能够精准捕捉候选人的情绪变化。通过分析候选人的音调、语速以及面部表情等细微变化，AI 能够判断候选人是否紧张、自信或诚实，为 HR 评估候选人心理状态提供重要参考。

3. 与岗位的匹配度

AI 还会关注候选人与岗位的匹配度。通过对企业的岗位要求和职位描述进行深入分析，AI 能够将候选人的现场表现与岗位需求进行对比，评估候选人是否适合该岗位。例如，对于需要具备责任心的岗位，AI 会重点分析候选人的回答与表现，以判断其是否具有足够的责任心。

基于以上几方面的综合分析，AI 会对候选人打分，涵盖语言表达能力、基础知识、团队协作等多个方面。HR 可以根据 AI 给出的面试分数快速筛选出符合岗位要求的候选人，极大地提高招聘效率。

除了面试打分，AI 还能为 HR 提供详尽的面试反馈。运用语音识别、文本分析等技术，AI 能够完整记录面试对话，并逐字逐句分析候选人的回答。从候选人的沟通表达能力、逻辑思维能力到与职位的相关性，AI 都能提供有效的反馈。此外，AI 还能生成结构化反馈报告，帮助 HR 更直观地了解候选人的优缺点，为后续做出招聘决策提供有力支持。

与传统面试方式相比，AI 在面试打分以及面试反馈方面具有以下优势，如图 3-3 所示。

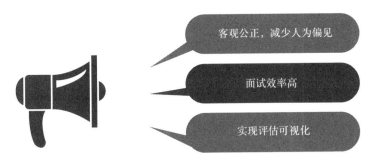

图3-3 AI面试的优势

1. 客观公正，减少人为偏见

AI 会按照设定好的算法打分，减少了人为因素的干扰，可以有效避免 HR 个人喜好、主观印象等因素对面试造成的影响，能够更加客观、公正地评估候选人。

2. 面试效率高

与传统面试相比，AI 能够通过打分系统帮助 HR 快速了解各个候选人的优缺点，有效缩短筛选和评估候选人的时间。

3. 实现评估可视化

AI 能够将候选人的表现可视化，直观地向 HR 展示候选人的各个方面，有助于 HR 清晰、全面地了解候选人。

总之，AI 面试打分与面试反馈为 HR 提供了一种高效评估候选人的方法。虽然 AI 在面试打分与面试反馈方面还存在一些缺陷，但随着其不断发展，AI面试打分与面试反馈将会变得更加成熟与公正。

3.2.4　AI机器人成为面试官

许多求职者发现，在找工作的过程中，与自己进行第一轮沟通的既不是HR也不是项目经理，而是AI面试官。如今，小米、百度、腾讯等众多大型企业已将AI面试官纳入招聘战略，展现出AI在招聘领域的巨大价值。值得一提的是，电商巨头亚马逊在开发出AAE(Automated Applicant Evaluation，自动求职者评估)技术后，裁掉了数百名HR，这无疑预示着AI面试将成为一个主流趋势。

AI面试官的出现，是企业追求降本增效的必然结果。传统招聘人力成本高昂且效率低下，优秀人才常因HR的疏忽而流失。面对这一困境，众多企业纷纷将目光投向AI技术，期望通过引入AI面试官改善招聘流程，提升招聘效率和效果。

AI在招聘环节中的表现十分优异。相较于传统的人力资源筛选方式，AI面试官能够迅速处理大量简历，其筛选效率甚至可达人工的3倍以上。这一优势使得企业在短时间内就能完成大量候选人的初步筛选，为后续面试节省了宝贵时间。

例如，近屿智能是一家AI企业，致力于利用AI技术解决人力资源管理领域的问题。其推出了一款名为"AI得贤招聘官"的产品。AI得贤招聘官是一个AI视频面试SaaS(Software as a Service，软件即服务)系统，其应用十分广泛，服务的客户有三星中国、阿卡索外教网、中原银行等，能够有效提高校园招聘和社会招聘的效率。

AI得贤招聘官使用了以深度学习和行业知识图谱Talent DNA为基础的AI评分模型，以及以自然语言处理算法为基础的会话管理模型，有效提高了面试判定的精准程度。近屿智能团队是一支能够将产业与技术结合的复合型团队，其将自身的技术优势与对人力资源管理领域的理解相结合，设计出能够将面试行为表现量化的产品，在模型质量与数据积累方面遥遥领先。

AI得贤招聘官功能丰富，可为企业提供从岗位发布到评估录用的一站式招聘服务，能够应用于多个招聘场景，比如岗位一键发布、简历筛选、AI视频面试、AI机器人面试、线上考试等。企业可以根据自身需求选择合适的功能，实现个性化招聘。AI得贤招聘官能够有效缩短企业的招聘时间，使企业将更多精力集中于更有价值的事务。

AI得贤招聘官让AI机器人担任面试官进行面试，高效筛选人才，精准实现人岗匹配。

利用AI得贤招聘官进行人才测评，可以使人才筛选更加精准、高效。其主要有以下几个特点。

（1）面试结果可信度高。AI面试系统使用了近屿智能自主研发的AI算法，能够为每个参与AI视频面试的候选人提供一份多模态全息面试报告，内容包括候选人的简历信息、面试视频、评判内容与成绩，全方位展现候选人的能力以及发展潜力，便于企业深入挖掘优秀人才。

（2）面试结果满意度高。AI得贤招聘官将AI技术应用于面试全流程，提高面试效率。HR能够通过AI招聘系统向心仪的候选人发送线上面试邀请，并通过短信和邮件方式确认线上面试和笔试时间，简化了多轮面试和线上邀约的烦琐步骤，实现了面试流程的优化，有效提高了面试效率。

（3）实现降本增效。AI得贤招聘官在帮助企业挑选合适候选人的同时，也帮助企业降低了人力劳动成本，提高了招聘效率，实现了降本增效。

AI得贤招聘官提供的数据十分全面，包括详细的招聘数据和具体的招聘效果，实现了招聘成果的量化。AI得贤招聘官已经被应用于多个行业，包括快消、电子、银行、软件等，受到广大客户的信赖。

除了近屿智能，还有许多企业也推出了智能面试系统，希望借助AI机器人担任面试官实现降本增效。例如，同道猎聘推出智能招聘管理系统"多面"，能够在一天内面试上千人；海纳AI的AI面试系统能够同时面试数十万名候选人。

作为应用AI面试的领头羊，联合利华早在2016年便引进了AI面试系统，并获得了不错的成绩。AI面试系统上线的第一年，联合利华的招聘周期就缩短了75%，节约了超过100万英镑的招聘成本。

除了敏捷响应，企业还十分关注人才识别与筛选的准确率，以及 AI 评分体系的可靠程度。AI 面试的根本是根据企业的岗位需求搭建岗位筛选模型，并对候选人在面试过程中的表现进行量化打分，从而寻找到优秀人才。

HireVue 是一家成立于 2004 年，探索 AI 面试解决方案的先驱企业。自创立之初，HireVue 便致力于研究 AI 面试技术，并推出了 AI 面试系统，为众多企业提供了优质服务。随着 HireVue 不断发展，其 AI 面试系统能够在面试过程中从超过 1.5 万个维度对候选人进行评估，包括候选人的精神面貌、肢体语言、面部表情、情绪管理能力、沟通交流能力等。随着招聘工作的持续进行，HireVue 的评价体系也在不断改进，尽量避免机器学习所造成的隐性歧视问题。

随着 AI 深度学习能力和理解能力的日益增强，AI 面试系统已不再是快消品牌的专属工具，而是逐步渗透到各行各业，一些中小型企业也开始引入 AI 面试系统。那么，面对市场上五花八门的 AI 面试系统，企业该如何做出选择呢？

首先，企业应优先考虑那些具备高度可靠性和准确性的 AI 面试产品。海纳 AI 的创始人认为，一款优秀的 AI 面试产品必须拥有强大的工程化能力。因此，选择那些经过头部大型企业验证并广泛应用的 AI 面试产品，无疑是一个明智之举。这类产品往往经过市场的严格考验，其效果和质量都得到了充分验证。

其次，企业应根据自身实际需求，选择性价比高的 AI 面试系统。市场上的 AI 面试系统形式多样，既有按次数收费的，也有按时间或套餐形式收费的。大型企业面试次数多、规模大，更适合选择套餐收费方式；中小型企业则可以根据实际情况，灵活选择按次数或时间收费。

再次，优化流程、提高 AI 面试的互动性也是企业需要考虑的重要因素。企业可以结合实际情况，采用 AI 面试与真人面试相结合的方式，先由 AI 机器人对候选人进行大规模筛选，再由真人面试官进行最终决策。同时，企业还可以设置线下体验环节，让员工更深入地了解 AI 面试系统，从而提升其对系统的信任度和接受度。

最后，在选择 AI 面试产品时，企业还应关注服务商提供的服务类型，比如是关键词识别服务，还是篇章级别语义识别服务（关键词识别服务主要关注候选人回答中的关键词，而篇章级别语义识别服务能够对候选人的全部表述进行深入理解）。企业在选择 AI 面试产品时，应根据自身需求进行权衡，灵活选择。

无论选择哪款 AI 面试产品，企业都应明确自己的初衷：利用 AI 的力量减少面试中的人为干扰，使招聘过程更加专注于职位本身的需求，同时实现降本增效的目标，推动自身实现良好发展。

3.3　AI与入职环节的"化学反应"

随着 AI 技术的日益普及和广泛应用，人力资源管理领域正经历着一场前所未有的深刻变革。在这场变革中，许多传统环节正逐渐实现自动化、智能化转型，而入职环节无疑是其中变革效果最为显著的一个。那么，AI 究竟会与入职环节产生怎样的"化学反应"呢？本章就来回答这一问题。

3.3.1　offer自动创作及发送提醒

自从 ChatGPT 掀起热潮后，其在人力资源管理中的应用便成为 HR 热议的焦点。保守的 HR 或许还在犹豫与观望，而那些前卫的 HR 早已率先将 ChatGPT 与入职环节巧妙融合，引领了一场人力资源管理的革新。

在入职环节，它成为 HR 创作 offer（录取通知书）的得力助手。HR 只需打开 ChatGPT 软件，输入主题、通知对象及内容概述，便能迅速获得一份专业且内容清晰的 offer，如图 3-4 所示。这不仅大幅缩短了 HR 的工作时间，更实现了入职效率和质量的双重飞跃。

ChatGPT 在语言质量方面表现出色，可以根据 HR 的需求调整 offer 的语言风格，保证文字既不枯燥又有礼貌。如果 HR 要发送英文版 offer，ChatGPT 还可以帮助 HR 优化语法和用词，从而保证 offer 的正确性和专业性。另外，ChatGPT 还能根据企业或行业标准格式调整 offer 的布局和结构，使 offer 符合格式规范。

图3-4　ChatGPT软件的通知公告功能

ChatGPT 在 offer 创作和发送方面具有重要价值，已经被 HR 广泛使用。HR 在使用它时要注意以下几点。

1. 主题清晰明确

主题应该精准地传达 HR 希望 ChatGPT 生成的内容。在输入主题时，不要使用含糊不清的文字，否则可能会导致 ChatGPT 创作出来的 offer 不专业，甚至令人感到困惑。下面是一个示例。

含糊不清的主题：写一篇 offer。

清晰明确的主题：写一篇 500 字左右的 offer，强调入职时间、入职地址、入职岗位等重要信息。

在上述示例中，含糊不清的主题有很大的解释空间，ChatGPT 可能会生成与主题无关的文本。相比之下，清晰明确的主题则提供了入职的具体细节。

2. 使用正式的语气和语言风格

由于 offer 具有正式性，因此 HR 在编辑主题时应使用正式的语气和语言风格。这有助于确保生成的 offer 具有专业性和权威性。下面是一个示例。

不正式的语气和语言风格：嘿！我想为即将入职的员工生成一篇 offer。它应该有 500 个字，介绍入职的相关情况，谢谢！

正式的语气和语言风格：请为我创作一篇大约 500 字的 offer，主要介绍入职的相关情况，感谢帮助。

3. 不使用有偏见或倾向性的文字

HR 在编辑主题时，应避免使用有偏见或倾向性的文字，如性别或种族偏见、文化倾向性等。使用中性的文字，可以保证 ChatGPT 生成公正、客观、包容性强的 offer，从而避免给即将入职的员工留下不好的印象。下面是一个示例。

有偏见或倾向性的文字：生成一篇雇用年轻、精通技术的男员工的 offer。

中性的文字：生成一篇关于雇用技术员工的 offer。

ChatGPT 生成 offer 后，HR 应进行仔细检查，包括是否有错别字、不合适的文字以及信息是否全面等。仔细检查后，HR 可以将最终版的 offer 发送给相应的求职者。在发送 offer 方面，HR 可以使用有 offer 发送提醒功能的软件，即在特定的时间提醒 HR 发送 offer。这样 HR 就不必担心因自己忘记发送 offer 而影响求职者按期入职。

3.3.2　智能入职指导：10分钟实现扫码入职

随着 AI 的不断发展，传统入职模式已经无法适应时代潮流，亟须变革。如今，在 AI、电子签名、人脸识别等技术的支持下，HR 可以为员工提供"一部手机，一个二维码"的入职新体验，让入职更加便捷和高效。

北森、喔趣科技等企业的 EHR（Electronic Human Resources，电子人力资源）系统提供自动、智能的扫码入职服务。员工只要拿出手机扫码，填写入职申请上的信息，就可以顺利办理入职。HR 则可以迅速采集员工信息，并在线上对员工信息进行审核。这样不仅减少了员工的入职等待时间，还让员工享受到了极致的入职体验。

有些EHR系统还支持自定义入职申请中的关键字段，并引进了OCR（Optical Character Recognition，光学字符识别）技术。如此一来，EHR系统就可以自动识别员工的身份证、职业资格证书、毕业证书等关键证件，并将这些证件扫描成文档，同步到员工档案中，从而降低人工输入信息的出错率。

以前员工入职，HR要打印、装订大量资料，现在有了AI，员工随时随地可以在线上完成信息输入，HR只要做好审核即可。以前完成整个入职流程需要耗费员工很长时间，现在只要使用手机扫码，员工就可以快速完成入职手续办理，既方便又快捷。

值得一提的是，有些EHR系统还推出了人性化功能，如欢迎信、入职地图等。其中，欢迎信功能可以让员工感受到HR的关心与温暖，给员工留下良好的第一印象；入职地图可以帮助员工快速了解入职流程，明确需要办理的事项及其先后顺序和具体部门，让入职过程更加顺畅。

在数字化浪潮席卷全球的今天，那些具有前瞻性的HR已经率先开始了以技术为核心的入职模式变革。他们深知，只有紧跟时代步伐，才能在竞争中脱颖而出，更好地应对未来挑战。

3.3.3 电子劳动合同签署

劳动合同是明确员工与企业之间的法律关系，规范雇用环节的重要法律文件。以前，HR为员工提供的基本都是纸质劳动合同，双方必须亲自到现场签署，然后盖章和备案。签署纸质劳动合同效率很低，后期也不方便HR管理和归档。

在AI技术支持下，电子劳动合同应运而生。有了电子劳动合同，HR在线上就可以为员工办理相关手续，而且整个过程简单、透明。如果HR或员工无法到现场，还可以进行远程操作，无须打印、快递纸质劳动合同，双方都可以节省大量时间和人力成本。

很多HR担心自己要承担责任，还在坚持使用纸质劳动合同。其实，根据相关法律法规的规定，电子劳动合同是诸多书面合同中的一种。也就是说，如果 HR 和员工达成共识，愿意签署电子劳动合同，并使用了合法、安全、可靠的电子签名技术，那么电子劳动合同和纸质劳动合同一样具有法律效力。

要签署电子劳动合同，HR 必须保证员工的身份是真实可信的，避免出现冒签或者伪造的情况。HR 可以采用实名认证、数字证书等技术手段来核实签署人的身份，以确保电子劳动合同的公正性、合法性。此外，电子劳动合同的内容必须完整、合法合规，而且不可以篡改。

很多电子签名云服务平台的实名认证审核机制都很严格，意愿认证流程也很可靠，目的是保证签署电子劳动合同的双方的身份和意愿都是真实的，从而防止出现代签、冒签等情况。基于数字证书、时间戳、区块链、加密等技术，电子签名云服务平台可以保证电子劳动合同是真实、完整、不可篡改的。在电子签名云服务平台上，HR 和员工可以随时随地查看、下载已经签署的电子劳动合同。

电子劳动合同签署过程十分高效、便捷，如图 3-5 所示。

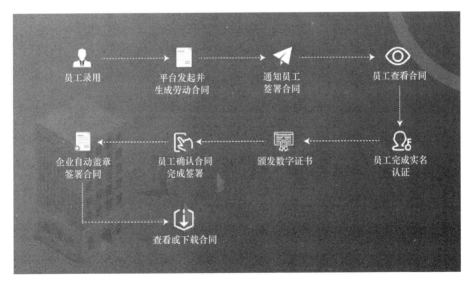

图3-5　电子劳动合同签署过程

HR 要注意，与员工签署电子劳动合同要使用法律法规认可的签署形式，以保证签署后的电子劳动合同具有法律效力。企业可以在签署电子劳动合同前向专业的法律顾问咨询，让对方提供相应的法律意见和建议，从而确保整个签署过程的合规性与安全性。

3.3.4　自定义办公用品领取流程

在入职阶段，HR要安排员工领取办公用品，以便让员工更好地工作。这一流程看似简单，实则隐藏着诸多管理难题，令许多HR倍感困扰。

（1）办公用品发放不及时，影响员工正常工作。

（2）员工重复领取办公用品，浪费、遗失等现象严重，导致企业成本增加。

（3）办公用品流向不明确，HR无法统计员工需求和办公用品消耗情况。

如果遇到粗心的HR或喜欢占便宜的员工，那么上述问题更常见，相关工作更难开展。随着AI时代的来临，员工领取办公用品的流程发生了变革。AI能够自动管理从员工发起领取申请到领取明细账生成的整个办公用品领取过程，极大地降低了领取成本和管理成本，使HR能够将更多的时间和精力投入到更有价值的工作中。

如今，HR可以借助先进的AI软件，如钉钉、得帆云办公用品管理应用等，对办公用品的领取情况进行全面细致管理。这些软件不仅支持HR查询办公用品领取申请及审批状态，还能提供详尽的领取明细，让HR对办公用品的领取情况有所了解。

（1）员工可以在AI软件上直接发起办公用品领取申请。他们能自由选择申请类型，只要输入申请理由，并标注好想要领取的办公用品和数量即可。

（2）员工提交了申请后，相关人员要对申请进行审批。通常来说，如果员工的申请类型是部门申请，则由部门领导负责审批；如果申请类型是个人申请，则由HR或办公用品管理员审批。

（3）员工可以通过AI软件查看申请审批状态。申请审批完成后，领取状态将同步更新。HR可以随时随地在AI软件上查询所有员工的申请和领取记录。

（4）申请审批通过后，员工就可以领取办公用品。AI软件会根据员工的领取情况自动调整办公用品库存，领取状态也会更新为"已完成领取"。

（5）根据办公用品库存，AI软件会自动生成领取明细账，包括被领取办公用品的名称、规格、品牌、数量、库存等信息。HR、员工以及其他有需求的人可以通过AI软件查询这些信息，以便及时了解办公用品的领取、消耗等情况。

将AI用于办公用品领取管理具有很多优势。首先，领取更智能、便捷，HR和员工不必再为领取办公用品而浪费大量时间和精力；其次，办公用品的安全性得到保证，员工和HR都放心；最后，办公更环保，HR和员工间接地为环保事业作出了贡献。

总之，"AI+办公用品领取"非常实用、方便、安全，而且成本低、环保。未来，随着AI技术不断升级，办公用品领取的智能化和自动化程度将进一步提升。到那时，现代化的办公用品领取软件将成为企业管理中不可或缺的一部分，为企业高效运营和员工便捷工作提供有力支持。

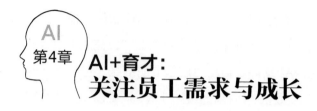

第4章 AI+育才：
关注员工需求与成长

AI 技术逐步成为企业培育人才的重要引擎。借助先进的 AI 工具，企业能够为员工量身打造独特的培训体验，精心策划人才发展战略，进而推动员工全面发展。在 AI 技术的有力支撑下，企业得以全面关注员工的需求与成长，通过推动员工进步获得源源不断的发展动力。

4.1 AI对培训有哪些影响

在企业内部，AI 的应用日益广泛，例如，企业能够充分利用 AI 技术的强大功能，自主定义员工培训课程大纲，精心设计培训内容，自动匹配最适合的培训项目，并进行学习任务的设计与追踪。通过这一系列措施，企业实现了员工培训领域的 AI 技术全覆盖，为员工的成长提供了强有力的支持。

4.1.1 自定义培训课程大纲

培训课程大纲能够对培训进行整体规划，包括培训需要达成的目标、内容、方式等，对培训顺利推进起到重要作用。但培训课程大纲的设计相对烦琐，十分耗费时间。为了提高效率，很多企业利用 AI 设计培训课程大纲。

利用 AI 设计培训课程大纲的步骤如图 4-1 所示。

1. 确定培训主题和目标

企业首先需要借助 AI 收集数据，并对数据进行分析，了解员工的培训需求与期望，从而确定培训主题与目标。

2. 输入关键词或短句

企业可以输入一些与培训课程有关的关键词或短句，以便 AI 能够更好地了解培训主题。这些关键词或短句将会成为生成大纲的基础。

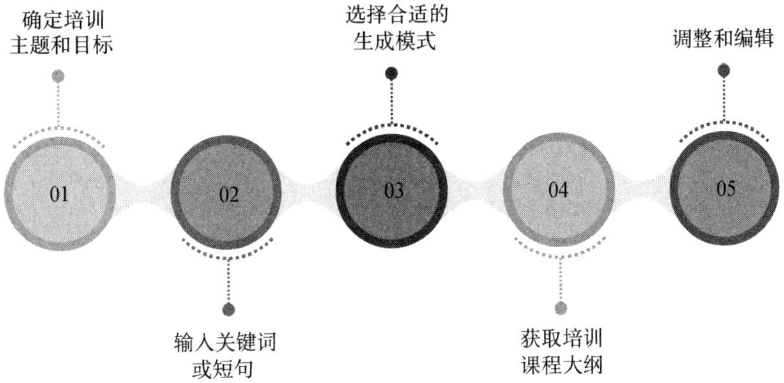

图4-1 利用AI设计培训课程大纲的步骤

3. 选择合适的生成模式

以百度推出的文心一言为例，其能够为用户提供多种内容生成模式，包括问答、摘要等。企业可以从自身需求出发，选择合适的模式。

4. 获取培训课程大纲

在选择合适的生成模式后，AI能够生成一份根据企业需求定制的培训课程大纲。

5. 调整和编辑

在获取培训课程大纲后，企业可以根据自己的具体需求对大纲进行深入判断与分析，进而进行精准的调整，确保培训内容与自身实际需求高度契合。

企业利用 AI 设计培训课程大纲主要有以下几点好处。

（1）节约时间成本。借助深度学习、神经网络等技术，AI 能够对大量文本进行学习，快速生成符合企业要求的文本，节约企业的时间成本。

（2）高度自定义。AI 可以生成高度自定义的内容。企业可以从自身所处行业出发，对 AI 进行训练和设置，使 AI 学习行业数据，生成符合行业特征的文本。

（3）优化语言表达。AI 能够自动修正语法错误、词汇重复等问题，并利用自然语言处理技术对文本进行优化，从而提高生成内容的准确度和流畅性，提高内容质量。

（4）智能指导与辅助。AI不仅能够生成文本，还能够从文本逻辑、语言风格等方面为企业提供指导，帮助企业厘清设计思路。AI还能够从大量数据中筛选出有用信息，为企业提供丰富的参考资料，有效提高培训课程大纲质量和针对性。

（5）支持多语言输出。许多大型企业的员工遍布全球，企业需要准备多种语言的培训课程大纲。AI支持多语言输出，无论是中文、英文或其他语言，AI都能够生成相应的文本。

4.1.2　设计培训内容，培训更合理

在设计培训内容方面，AI也能够发挥很大作用。具体来说，企业可以借助AI分析培训资料，识别员工需要掌握的知识点，有的放矢地设计培训内容。

AI能够智能分析员工工作年限和个人能力，为员工量身打造个性化学习路径。对于新员工，AI会推荐基础的培训课程，帮助他们快速融入企业并掌握基础技能；而对于老员工，AI会推荐更高级的能力提升课程，助力他们进一步拓展专业知识，提升职业竞争力。

此外，AI还能创建丰富多样的培训材料，如课程讲义、练习题等，从而帮助员工巩固学习内容，提升综合能力。

例如，中国广核集团有限公司（以下简称"中广核"）是一家以核能为特色的大型清洁能源集团。在其发展过程中，随着主营业务的拓展和员工人数的增加，传统培训方式难以满足员工新的学习需求。同时，中广核旗下各分公司的培训水平参差不齐，培训内容也存在差异。因此，中广核急需一套标准化的培训流程、工具和平台，以确保员工能够接受统一、高质量的培训。

E-learning线上培训学习平台不受时间、地域限制，而且成本较低，能够覆盖培训全场景，实现企业培训学习智能化、场景化、高效化。于是，中广核积极进行E-learning线上培训学习平台建设，以满足员工培训需求。

随着中广核的进一步发展，其在员工培训方面有了更高的需求。为了高效开展培训工作，为员工提供便捷的自主学习服务，中广核决定对原有平台的业务架构进行优化，提升 E-learning 的服务能力，推动平台朝着低成本、高效、可持续的方向发展。

知学云是一家 AI 驱动的知识智能企业，其以 AI 技术赋能企业培训，为中广核提供了全新的 E-learning 线上培训学习平台。该平台的优点如下。

（1）降低培训成本，实现规模化培训。该平台可供 6 万多名员工同时使用，涵盖了学习培训、课堂作业、知识问答、个人评估等多个模块，功能全面且实用。这一线上培训平台有效解决了中广核员工地域分散的问题，极大地降低了培训成本，提升了培训效率。

（2）实现培训全流程信息化管理。知学云以培训全流程信息化为基础，实现培训管理、师资管理、技术授权、网络学习和网络考试五大方面的信息化，有效提高了培训效率。

（3）切合业务需求的应用场景。中广核将 E-learning 作为一种员工培训途径，十分关注其培训效果。员工的线上培训必须与实际业务需求相结合，以切实提升员工业务能力。基于此，E-learning 线上培训课程实现了多场景应用，全方位助力员工成长。

E-learning 线上培训课程的多场景应用主要表现在以下几个方面。

一是能够应用于员工技能的自我提升。E-learning 线上培训学习平台提供了基础知识类与技能类课程，员工可以根据自身需要进行学习，有效利用平台资源。

二是应用于制定岗位培训大纲。AI 能够通过数据分析为每个岗位设置具体工作内容，以及完成工作所需要的能力，并推出相应的培训课程，形成岗位培训大纲。岗位培训是员工职业发展的重要组成部分，员工只有完成岗位培训大纲中规定的学习内容，才能申请晋升到更高级别，这有效激发了员工参与培训的积极性。

三是推动培训项目实施。针对内部的重点岗位，中广核设置了许多具有针对性的培训项目，名为"白鹭计划"。而线上培训课程能够贯穿于白鹭计划实行的全过程，有效提升培训效果。

四是紧跟社会热点。线上培训课程需要与时俱进，与热点事件接轨。例如，社会上出现安全事故，中广核会推出相应的线上培训课程。

总之，知学云借助先进的 AI 技术，成功打造了 E-learning 线上培训学习平台，突破了传统线下培训的限制，实现了知识的快速传播和员工的高效学习。这不仅降低了企业的培训成本，还使得培训内容更加合理和个性化，为员工的全面发展提供了有力支持。

4.1.3 智能对练培训项目，员工更开心

企业培训员工，需要理论与实践相结合，在提高员工专业素养和知识水平的同时，还需要增强其实际操作能力，并全面培养员工人际交往、解决问题以及创新等能力。然而现实情况是，企业培训师资源有限，难以实现一对一的高效培训。AI 智能对练工具的出现，能够帮助企业解决这一难题。

以销售型企业为例，销售团队的销售效率与质量直接决定了其工作业绩，进而影响企业整体发展。为了提升销售团队的销售能力和销售业绩，众多企业积极引入 AI 智能对练系统。

该系统能够对行业特性、销售人员的个人能力及具体需求进行深入分析，制定个性化训练内容、训练进度，并及时反馈训练效果。智能对话功能可以实时监控销售人员的表现，在销售人员与客户交流时为其提供指导。当销售人员遇到困难时，智能对练系统能迅速提出解决方案，助力他们不断提升自我。

AI 智能对练系统主要有以下四个功能，如图 4-2 所示。

1. 制订个性化训练计划

AI 智能对练系统会将员工的个人情况与行业需求相结合，为其提供量身定制的课程。这有助于精准提升员工的销售能力和技能水平，显著提升他们的工作效率。

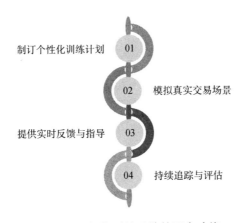

制订个性化训练计划　01

02　模拟真实交易场景

提供实时反馈与指导　03

04　持续追踪与评估

图4-2 AI智能对练系统的四个功能

2. 模拟真实交易场景

AI智能对练系统为员工提供高度仿真的训练环境，让他们在拟真的交易场景中锻炼自身能力，深入学习销售技巧。通过在多样化销售场景中的学习与实践，员工能更加精准地把握用户心理，为用户提供更加贴心的服务，进而获得更好的销售业绩。

3. 提供实时反馈与指导

AI智能对练系统能够实时监控销售人员在模拟中的表现，并精准地指出其不足之处，为员工提供明确的改进方向。当销售人员遇到问题时，AI智能对练系统能够迅速响应，为其提供有针对性的帮助与支持，助力员工不断成长。

4. 持续追踪与评估

在销售人员完成培训后，企业需对其表现进行持续追踪与评估。AI智能对练系统能够为企业提供详尽的数据支持，帮助企业根据员工表现制订更为精准的下一阶段培训计划，确保培训效果最大化。

总之，作为一款高效的培训工具，AI智能对练系统能够协助企业精准训练员工，通过个性化培训方案提升员工能力和团队整体素质，从而显著提升企业的市场竞争力。

4.1.4 学习任务设计与追踪

企业能够利用 AI 进行学习任务的设计、追踪与监督。

学习任务是检测员工课程学习成果的重要手段，是推动员工自主学习的有效载体。因此，企业需要重视并合理设置学习任务。

AI能够根据课程的性质、目的以及员工的实际需求等多种因素设计学习任务，有效巩固员工的学习成果。在使用AI设计学习任务时，企业需要遵循三大原则，如图4-3所示。

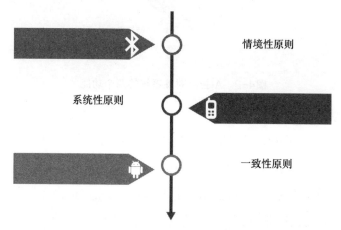

图4-3　企业使用AI设计学习任务需要遵循的三大原则

1. 情境性原则

学习任务的设计需要以真实场景为基础。在真实场景中，员工能够经历"找出问题—寻找方法—沉淀知识—优化工作"的过程，培养自身的学习能力。

2. 系统性原则

在设计学习任务时，企业应注重学习任务之间的内在关联，构建完整的知识体系，帮助员工系统地掌握知识，进而培养思维能力和自主学习能力。

3. 一致性原则

在设计学习任务时，企业需要坚持一致性原则，确保学习目标与学习任务相统一，增强员工的自主学习意识。

在培训结束后，培训效果的反馈也很重要。AI能够通过数据分析，精准评估培训效果，帮助企业洞察哪些策略和方法行之有效、哪些需要改进。

例如，通过对员工学习数据的深入剖析，企业可以了解哪些课程备受员工青睐，哪些课程完成率偏低，以及哪些技能的提升较为显著。这些信息将为企业优化培训计划、提高投入产出比提供有力支持。

在追踪学习任务时，许多企业采用 AI 智能学习监督系统。这是一种新型学习任务追踪工具，可以帮助员工更好地了解自己的学习进度并提高学习效率。

AI 智能学习监督系统可以通过自动化方式监督和指导员工学习，通过收集员工的学习数据，分析员工的学习模式和进度，为员工提供个性化学习建议和指导，从而使员工可以更好地了解自己的学习情况，及时调整学习策略，提高学习效率。

AI 智能学习监督系统主要有以下功能。

1. 学习数据收集和分析

AI 智能学习监督系统可以收集和分析员工在学习过程中产生的各种数据，包括学习时间、学习内容、学习行为等。系统可以通过对这些数据的分析了解员工的学习模式和进度，以及员工的学习习惯和存在的问题，为员工提供个性化学习建议。

2. 学习目标设定和追踪

AI 智能学习监督系统可以根据对员工学习数据和学习行为的分析，为其设定学习目标和计划，帮助员工规划学习路径，以顺利达成学习目标。系统可以监督员工的学习进度，及时提醒员工学习任务和时间安排，帮助员工保持学习动力和效率。

3. 学习反馈和评估

AI 智能学习监督系统可以为员工提供学习反馈和评估，帮助员工了解自己的学习情况和取得的进步。系统可以分析员工的学习数据和表现，评估员工的学习成绩和能力，为员工提供个性化学习建议和改进方案。

通过以上功能，AI 智能学习监督系统可以帮助员工更好地了解自己的学习情况，根据系统的建议和指导调整学习策略，提高学习效率。同时，AI 智能学习监督系统也为 AI 本身提供了了解员工学习状况与存在问题的窗口，使其能够为员工提供更加精准的指导。

在使用 AI 智能学习监督系统时，企业需要注意以下几点。

1. 灵活调整学习策略

员工应密切关注 AI 智能学习监督系统的反馈与建议，适时调整学习策略和进度，保持学习动力与效率。员工应定期查阅系统生成的学习报告与建议，科学规划学习进度。

2. 丰富多样的学习内容

AI 智能学习监督系统为员工提供了丰富的学习资源与内容，员工应结合自身需求与兴趣灵活选择学习内容，激发学习热情，提升学习效果。

3. 积极互动与主动学习

尽管 AI 智能学习监督系统能够监督员工的学习进度与行为，但员工也需保持主动学习的态度，积极参与互动讨论，不断提升学习能力与综合素质。

总之，AI 智能学习监督系统为员工提供了全面了解自身学习进度与学习状况的便捷途径，有助于员工提升学习效率和效果。员工应合理利用 AI 智能学习监督系统，根据系统建议调整学习策略，实现个性化学习，提升工作能力和水平。

4.1.5　机器人训练员工，培训不再缺人手

在经历了"金三银四"的人才招聘高峰期和大学毕业季后，企业的人才队伍壮大，新生力量得到了补充，紧接着员工培训成为企业面临的一大难题。

在市场竞争日益激烈的背景下，众多企业纷纷寻求降本增效的途径，积极探索将 AI 技术应用于多个领域，以增强组织能力和人才培养能力。

在降本增效过程中，企业致力于以更少的人力资源服务更多的基础业务，并不断提升数智化水平。同样地，人才培训也需要与时俱进，实现智能化转型。培训过程中涉及大量的文本、图像以及重复性的标准化训练，这些正是 AI 技术所擅长的。

从根本上说, 企业的竞争是人才的竞争。有效的培训能够助力员工迅速适应工作, 为企业创造更多价值。传统企业培训存在的四个问题, 如图4-4所示。

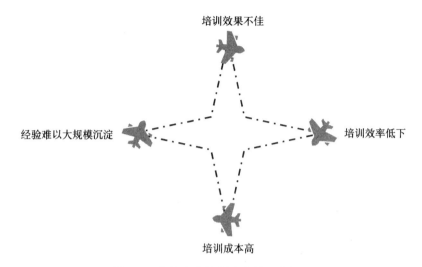

图4-4 传统企业培训存在的四个问题

1. 培训效果不佳

传统企业培训主要依赖于线下集体培训与线上资料培训相结合的模式。然而, 由于缺乏有效的监督机制, 培训效果不佳。员工上手速度慢, 培训内容针对性不足, 难以满足员工的个性化学习需求。

2. 培训效率低下

传统企业培训偏重理论知识的灌输, 而忽视了实际操作和实训环节。新员工培训周期长、培训师资力量不足等因素导致培训效率低下。

3. 培训成本高

许多企业倾向于由老员工担任培训师, 这样会使老员工的日常工作受到影响, 相当于增加了隐性成本。还有一些企业聘请具有丰富经验和专业知识的培训师来授课, 这些培训师的费用往往较高。此外, 如果培训师资分散, 协调时间困难, 还有可能导致培训资源浪费和重复培训, 进一步增加培训成本。

4. 经验难以大规模沉淀

在企业中, 许多宝贵的实战经验和工作技巧无法大规模沉淀, 难以通过培训传递给新员工。这不仅影响了新员工的成长速度，也制约了企业的整体发展。

随着科技的进步，AI机器人的出现为企业培训带来了全新的解决方案。AI机器人能够精准地识别并解决传统企业培训中的问题，为企业提供更高效、更经济的培训服务。使用AI机器人进行员工培训主要有五大优势，如图4-5所示。

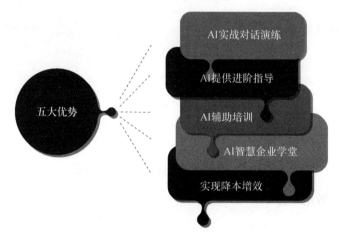

图4-5　使用AI机器人进行员工培训的五大优势

1. AI实战对话演练

AI机器人能够构建逼真的线上模拟场景，为新员工提供实战化训练环境，帮助新员工解决不知如何开口、执行不到位等问题，从而显著提升新员工在工作场景中解决问题的能力与技巧。

2. AI提供进阶指导

AI机器人具备智能记录与分析功能，能够自动记录新员工与老员工的训练情况，并进行深入分析。通过精准识别存在的问题，AI机器人能够为每个员工打造个性化训练方案，帮助他们不断提升技能水平。同时，针对一些普遍存在的问题，AI机器人会推出针对性课程，实现培训内容的优化升级。

3. AI辅助培训

员工可以随时随地使用线上陪练系统接受培训，没有时间、地域等限制，能够解决异地培训困难、培训成本高昂等问题。

4. AI 智慧企业学堂

AI 机器人依托深度学习技术和语义理解模型，在运行过程中不断完善智能学习机制。通过构建高效的 AI 智慧企业学堂，AI 机器人能够为员工提供更加个性化、智能化的学习体验，帮助他们快速掌握所需技能。

5. 实现降本增效

AI 机器人在企业培训中的应用，不仅能够提高培训速度，还能显著降低培训成本。通过优化培训流程、提升培训效果，AI 机器人能够有效解决员工流动性大、培训成本高等问题，为企业带来切实的效益提升。

针对传统企业培训的痛点，许多企业利用自身优势打造了 AI 机器人产品。例如，腾讯云推出了 AI 培训机器人，帮助企业解决培训过程中的各种问题，为企业提供低成本培养优秀员工的方案。

腾讯云 AI 培训机器人能够扮演客户，与员工进行一对一的培训练习，快速提升员工服务水平。腾讯云 AI 培训机器人使用了多种技术，包括 ASR（Automatic Speech Recognition，自动语音识别）、TTS（Text To Speech，语音合成）、NLP（Natural Language Processing，自然语言处理）、深度学习等，能够打造完善的智能学习机制，帮助企业构建专属学堂。

与传统企业培训相比，腾讯云 AI 培训机器人主要有以下优势。

1. 人机对练

传统企业培训大多是一次定制，统一培训，缺乏针对性。而腾讯云 AI 培训机器人能够改变一对多的培训方式，实现一对一教学，更具针对性。

AI 培训机器人能够扮演客户还原真实的业务场景，与员工进行对话演练，有效提高员工的问题解决能力；提炼了优秀员工的工作经验与实战优势话术，能够针对不同业务场景与不同客户打造多种训练任务，满足员工多样化培训要求。

2. 灵活学习

传统企业往往采用线下培训方式，但企业员工众多且分散于各地，很难抽出统一的时间参与培训。AI 培训机器人能够突破时间、空间限制，支持电脑、小程序、App 等多种渠道接入。员工能够根据自身情况选择合适的渠道随时随地接受培训。

3. 进行全面监督

AI培训机器人采用"学—练—考—评"的闭环培训模式，能够对员工的整个学习周期进行监控和评估，并从话术、情绪、态度、服务等多个方面入手，为员工绘制能力画像，构建员工能力模型。

对于员工的能力短板，AI培训机器人可以为其推荐课程，实现个性化课程定制，提高员工的学习效率和学习效果。

4. 学习效果评估

AI培训机器人具有记录功能，能够全程记录并分析员工培训过程，及时发现问题并提出解决方案。AI培训机器人能够追踪员工培训效果，找出薄弱点并提供针对性指导，助力员工成长。

5. 进行试卷考核

AI培训机器人具有试卷考核功能，能够生成包括单选、多选、判断等多种题型的试卷，检验员工的学习成果。同时，AI培训机器人可以设置练习次数，为员工营造紧张的学习氛围，并规定员工必须在一定时间内完成考试，以确保考核的公正性和有效性。

腾讯云AI培训机器人具有丰富的应用场景。

1. 金融行业

在金融行业，AI培训机器人能够用于新员工培训、员工销售技能培训、金融产品知识讲解、合规培训等，为企业提供专业的培训指导。

2. 电销行业

AI培训机器人能够通过角色扮演对销售人员的销售话术进行训练，找出销售人员的薄弱点并进行强化训练，有效提高销售人员的销售能力。

3. 健康医疗行业

AI培训机器人能够解答患者疑问、提供康复训练指导，帮助患者更好地进行健康管理，加速康复进程。

4. 零售行业

在零售行业，AI培训机器人能够用于销售培训、客户服务和产品推广等方面，助力销售人员巩固基础产品知识，提高销售能力和销售技巧。

5. 制造行业

AI 培训机器人能够用于操作培训、安全培训和质量管理培训等，为员工提供操作指导、质检标准指导等，提升员工的操作技能，增强员工的安全意识。

6. 酒店和旅游行业

AI 培训机器人能够为酒店员工提供酒店服务标准、客户问题解答等培训，有利于提升服务质量和顾客满意度。

4.2 员工发展：AI时代的人才成长战略

在 AI 时代，企业应该思考如何培养符合当前时代特点的人才。在这方面，企业可以借助 AI 的力量，对多样化的员工数据进行分析，为员工量身定制 IDP(Individual Development Plan，个人发展计划)。通过一键提取经验、设计能力模型，AI 使得员工的发展路径更加明确和清晰。在 AI 的精准指导下，员工能够朝着成为优秀人才的目标稳步前进，为企业的发展贡献自己的力量。

4.2.1 量身定制员工IDP，实现高速成长

个人发展是人才选择企业时十分看重的一个因素。如果企业无法为员工提供学习机会和提升空间，员工可能会离职，转而加入其他企业。

企业关注员工的个人成长并为员工提供学习机会，有利于提升员工的归属感和忠诚度，推动业务稳步增长；还有助于塑造良好的企业形象，吸引更多优秀人才加入。

为了有效推进员工的个人发展，企业可以制订个性化、差异化的员工 IDP。员工 IDP 是一个系统规划，旨在根据员工的潜能、兴趣和发展方向，引导他们自我提升。

制订个性化、差异化的员工 IDP 往往耗时耗力，因此借助 AI 技术完成这项工作很有必要。以下是企业利用 AI 量身定制员工 IDP 的具体步骤，如图 4-6 所示。

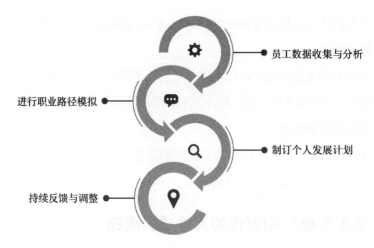

员工数据收集与分析

进行职业路径模拟

制订个人发展计划

持续反馈与调整

图4-6 企业使用AI量身定制员工IDP的步骤

1. 员工数据收集与分析

AI能够收集员工的详细数据，包括教育背景、工作经历、技能、兴趣爱好等，并对这些数据进行分析，从而明确员工的优势与劣势。例如，某员工在技术领域表现十分出色，但在人际交往方面存在不足，因此其更适合朝着技术方向发展，而非管理方向。

2. 进行职业路径模拟

基于员工的当前工作状况和个人职业期望，AI能够模拟出多条可能的职业发展路径。这有助于员工预见自己的未来发展，并根据模拟结果提前规划所需提升的技能。

以一名软件开发工程师为例，他渴望未来能够晋升为项目经理。AI系统将结合该员工的技能与经验，并参考其他相似背景员工的成长数据，为其提供一条可行的职业发展路径。

3. 制订个人发展计划

在了解潜在的职业发展路径后，员工可以与HR部门密切合作，共同制定个性化的涵盖团队合作、沟通能力、领导能力、工作技能等多个方面的职业发展规划。此外，AI还会为员工提供有关人际沟通、压力管理等实用技能的建议。

4. 持续反馈与调整

AI会持续追踪员工的工作表现，评估其个人发展计划的执行情况及效果。如果员工进步不明显或存在偏离计划的情况，AI 将及时提供反馈，助力员工对计划进行必要的调整和优化，确保员工能够持续朝着个人发展目标迈进。

例如，某位员工在职业路径模拟中的表现十分出色，但是在实际工作中问题频出。在这种情况下，AI 就会重新对其技能与经验进行评估，为其制订全新的个人发展计划。

利用 AI 为员工制订个人发展计划主要有五个好处，如图 4-7 所示。

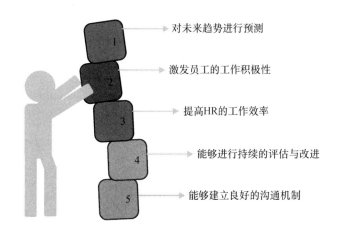

图4-7　利用AI为员工制订个人发展计划的五个好处

1. 对未来趋势进行预测

AI 能够对行业历史数据进行分析，从而预测行业发展趋势，揭示可能会受到欢迎的技能或经验。这为员工制订个人发展计划提供了参考。

例如，利用 AI 技术进行数据预测是一项热门技术，企业可以为员工开设相关课程，让员工了解与学习这一技术。

2. 激发员工的工作积极性

企业利用 AI 技术为员工制订合适的个人发展计划，能够使员工感受到被重视，有效激发员工的工作积极性。个人发展计划可以为员工提供明确的发展目标，激发员工的工作动力。HR 也能够通过员工的个人发展计划更加深入地了解员工的需求，为员工的发展提供有力支持。

3. 提高 HR 的工作效率

AI 技术可以辅助 HR 制订员工个人发展计划，帮助 HR 处理大量数据，节约 HR 的时间和精力，提高 HR 的工作效率。实践证明，在为员工制订明确的个人发展计划和培训计划后，员工的留存率大幅提升，工作更有激情，有效提高了企业整体运营效率。

4. 能够进行持续的评估与改进

计划需要根据实际情况的变化不断调整和优化。AI 能够对员工进行持续追踪，并不断评估员工个人发展计划实施效果。如果发现计划存在问题，AI 能够及时指出并对其进行调整和优化。AI 还能够及时收集员工反馈，不断优化员工个人发展计划，确保其始终和企业发展目标保持一致。

5. 能够建立良好的沟通机制

HR 工作繁忙，无法顾及每一位员工，但是 HR 可以通过 AI 提供的数据了解员工情况，并及时与他们沟通，高效解决问题。

员工的个人成长不仅是员工需要关注的事情，更是企业需要重点关注的事情，因为这关系到企业的发展。在 AI 助力下，企业能够帮助员工高效地制订个人发展计划，更好地激发员工的潜力与特长，促进员工和企业共同成长。

4.2.2　为员工设计工作坊流程

工作坊是一种以实践操作为主，结合理论知识讲解、小组讨论、经典案例分析等学习方法的集中式培训活动，旨在帮助员工提升技能、积累知识与经验。

为了满足员工的成长需求，企业可以运用 AI 为员工设计工作坊流程。以下是具体操作步骤。

1. 进行员工需求与技能评估

借助先进的 AI 工具，企业可以全面收集员工个人信息，包括教育背景、工作经验等，深入分析他们的职业发展目标与当前能力之间的差距。基于此，企业能够精确识别出员工最为迫切的培训和发展需求，为他们量身定制个性化成长计划。

2. 策划工作坊的主题与内容

基于员工需求评估结果，企业可以策划符合员工发展需求的工作坊主题和内容。利用 AI 的智能推荐功能，企业可以确保工作坊内容既具有实用性，又能充分满足员工的个性化学习需求。

3. 个性化学习路径设计

根据员工的技能水平和学习习惯，企业可以运用 AI 为他们设计个性化学习路径。这不仅能提升员工的学习效果，还能帮助他们更快地实现职业成长。

4. 建立学习反馈机制

企业可以建立学习反馈机制，利用 AI 实时收集员工的学习和反馈数据，对工作坊的效果进行评估，并做出相应调整。

5. 持续追踪与后续支持

企业可以通过 AI 持续追踪员工的学习效果，识别需要额外支持的员工并为其提供有针对性的学习资源和辅导，确保员工能在实际工作中运用所学知识。

6. 持续优化与迭代

企业需要定期分析员工的工作坊参与度和学习成果，评估工作坊流程的有效性，并根据分析结果调整工作坊主题、内容和流程，以满足员工的需求。

通过运用 AI 技术设计工作坊流程，企业能够更加精准地把握员工的发展需求，有效提升员工的工作满意度。同时，这也有助于企业构建更加高效、具有竞争力的人才体系，为企业的长远发展奠定坚实基础。

4.2.3 一键提取经验，丰富知识库

员工在工作过程中可能会遇到一些问题，频繁向同事求助不仅可能打扰其正常工作，而且不一定能得到及时解答。而搜索引擎广告过多，且提供的答案可能有误，员工筛选有效信息会耗费大量时间。

针对以上问题，建立企业知识库是一个不错的解决方案。员工可以通过企业知识库快速搜索并获取问题的答案，不仅提高了工作效率，也促进了个人能力不断提升。

例如，某教育企业专注于留学领域，采用真人在线授课的方式为用户提供留学语言培训服务。该教育企业在国内深耕多年，用户众多，课程多样。近几年，该企业的业务高速扩张，销售人员规模持续扩大。

为了给新老员工提供更多的成长机会，该企业设置了一系列培训课程与成长规划，但实际操作中存在员工与客户沟通不透明、听录音回顾效率低、培训师无法及时发现新员工薄弱点等问题，导致员工成长速度缓慢。

为了解决这些问题，该企业与专注会话智能领域的初创公司深维智信展开合作，打造了一套具有针对性的 AI 销售培训系统，实现了培训效率的提升。深维智信主要在以下三方面为该企业提供帮助。

1. 实现销售过程的可视化

作为留学语言培训领域的领军企业，该企业始终坚持以用户为中心，致力于提升用户体验。而销售团队作为连接企业与用户的桥梁，其表现至关重要。为了更好地了解用户需求，为其提供优质服务，该企业深入了解销售人员与用户对话的内容。

在与深维智信合作前，该企业采用回顾录音的方式来分析销售人员与用户沟通中存在的问题。随着销售团队规模不断扩大，这种方式的弊端逐渐显露，如效率低下、难以继续推行等。

为此，该企业引入了深维智信的销售会话智能平台。借助该平台，该企业梳理了整个销售流程，并总结出每个销售阶段的关键信息和话术。该平台的通话录音转文字功能使得该企业能够迅速回顾对话内容，并通过关键信息快速定位问题所在。

借助销售会话智能平台的关键信息搜索能力，该企业能够轻松掌握销售人员的销售话术运用情况，了解员工能否深入挖掘客户的真实需求、能否准确介绍产品的关键要点。对于在销售过程中存在问题的员工，培训师无须与其进行面对面交流，可以直接进行线上辅导，及时解决问题。

2. 打造高效的销售人员学习闭环

该企业十分重视员工的个人成长，会为新入职的销售人员提供培训。但是该企业发现，即便提供了培训，新员工的成长速度还是很慢。

这主要是由两方面原因导致的。一方面，销售人员在培训结束后缺乏有效工具来巩固学习成果，企业未能为他们提供丰富的知识素材库；另一方面，销售人员在学习销售技巧后，需要不断地进行实战练习，但培训师的时间和精力有限，无法兼顾所有员工，更难以精准指出每个人的薄弱点，导致销售培训仅停留在理论层面。

针对以上问题，深维智信为该企业打造了剪辑库和智能陪练两大工具。

该企业利用深维智信的剪辑库成功构建了专属知识库，将销售团队中的优秀话术进行剪辑保存，为新入职的销售人员提供了宝贵的实战经验。此外，深维智信还为该企业提供了知识点挖掘引擎，通过对销售会话的深入分析，精准挖掘客户高频问题及销售人员的优秀话术。

培训师可以将这些优质的音频素材发送给需要改进提高的销售人员，供他们学习借鉴，并在后续实践中观察员工的进步情况。

当销售人员遇到难题时，他们可以在剪辑库中快速搜寻到解决方法，不断改进自身的沟通技巧。

深维智信还为该企业打造了智能陪练系统，该企业可以在系统中上传培训课程并为销售人员分配练习任务。智能陪练系统有四种模式，分别是跟读、背诵、智能陪练和 AI 客户，能够满足销售人员在不同场景下的学习需求。

跟读模式能够帮助销售人员在多次诵读中熟悉并掌握销售话术；背诵模式则用于检验员工对话术的掌握程度；智能陪练通过模拟对话情景，锻炼员工的应对能力；AI 客户模式则能够让销售人员与高度逼真的 AI 客户进行对话演练，从而提升他们应对不同类型客户的能力。

每次销售人员完成对话练习后，系统都会进行自动点评，精准指出其存在的问题，并提供调整建议。

通过学习培训课程、利用剪辑库解决问题以及借助智能陪练进行实战练习，销售人员能够从多个维度全面提升业务能力。这一学习闭环无论对新员工还是老员工都具有极高的实用价值，为销售团队的成长注入了新的活力。

3. 打造销售培训闭环

企业进行销售培训的目的是帮助销售人员掌握技能并在工作中灵活运

用。在销售人员完成培训后，培训师还需要考察销售人员对培训内容的掌握情况以及实际应用能力。

在与深维智信合作之前，该企业缺乏实用的工具对新人的能力进行评估。在与深维智信合作后，该企业可以利用销售会话智能平台的关键事件智能提取功能评估新人的能力。该企业通过分析关键信息触达情况，对销售人员的用户需求挖掘、执行能力等方面进行评判。

培训师会在培训结束后了解员工的能力变化情况，并为那些在某方面尚需提升的销售人员提供二次培训。如果某位销售人员经过多次针对性培训后能力仍没有明显提升，那么他可能会被淘汰。

该企业在培训的基础上，还对客户画像、销售人员的执行力等进行了分析，从多个方面提升销售团队的效率和业绩。

销售会话智能平台作为一个以 AI 为基础的平台，能够为企业带来许多便利。该企业作为该智能平台的第一批受益者，持续与深维智信合作，不断提高销售业绩。

4.2.4　利用AI搭建人才梯队，实现长久发展

从本质上来看，企业之间的竞争是人才的竞争，企业需要重视人才，搭建人才梯队。当今时代，许多企业利用 AI 技术优化人力资源管理，搭建人才梯队。

搭建人才梯队，企业可以从以下几方面入手。

（1）数据的收集与整理。AI 的训练与优化离不开大量的数据。企业需要收集员工的各种数据，包括员工的个人信息、教育背景、工作经历等。

（2）人才画像。在第一步的基础上，AI 能够对员工的个人能力、发展潜力、职业倾向等因素进行全面分析，绘制人才画像。

（3）搭建人才梯队模型。在拥有人才画像之后，企业可以搭建人才梯队模型。人才梯队模型是一个多层次结构，每个层次都代表一种特定的人才类型或职业发展阶段，包括新员工、潜力员工、核心员工、领导等。

（4）选拔人才。当企业有新的人才需求或职位空缺时，可以利用 AI 技

术选拔人才。凭借先进的自然语言处理、机器学习技术，AI 能够对文本进行解读和分析，承担简历筛选、候选人初步面试、能力评估等工作。

（5）个性化培训与未来发展计划。企业可以根据人才画像和人才梯队模型为员工制订合适的培训与未来发展计划，有效提高员工的满意度和忠诚度，从而提升企业的竞争力。AI 可以凭借机器学习、数据分析等技术，精准识别员工的不足之处，深入挖掘员工的职业发展潜力，并智能推荐与员工匹配的培训课程和发展机会，助力员工实现个人价值的同时，也为企业的持续发展注入新的活力。

（6）搭建持续追踪与反馈机制。人才梯队的建设不是一蹴而就的，而是一个长期的过程，需要持续追踪与优化。例如，AI 能够对员工的培训成果进行分析，随时对培训内容与方式进行调整。借助 AI，HR 能够收集员工反馈意见，不断优化人才梯队模型，改进人才发展计划。

（7）预测分析与战略规划。AI 能够对未来行业的人才需求趋势、人才市场变化进行预测，辅助 HR 搭建更加适合企业未来发展的人才梯队。此外，AI 还能够用于统计人力成本、员工离职率等，帮助 HR 及时调整人力资源管理策略。

例如，某知名制造企业业务遍布全球，具有很高的行业影响力，吸引了大量人才投递简历。如何从海量的候选人中精准筛选出优秀人才，提升招聘的便捷性、智能性和准确性，是该企业面临的一大挑战。

为了提高招聘效率，该企业的招聘团队曾尝试使用多种人才筛选工具，但这些工具都存在一个问题——会遗漏一些优秀候选人。

在这种情况下，该企业与 LeapIn 展开合作。LeapIn 是一家新兴科技公司，专注于改变传统的人才识别方式。LeapIn 打造了全新的人才识别系统，将 AI 与行为科学相结合，推动人才识别朝着自动化、智能化方向发展。

针对该企业的问题，LeapIn 打造了行业通用的胜任力模型。该模型以行为科学相关理论和百万级制造业数据为基础，能够根据候选人的面试表现推测出其在未来工作中的表现，从而快速挖掘、筛选有潜力的人才。

LeapIn 还开放了系统接口，实现了与企业端系统的无缝对接，进而推动了面试邀约的自动化进程。LeapIn 的系统能够智能地对每位提交申请的候选人发起面试邀约，极大地减少了 HR 手动操作的时间成本，为候选人提供了更加公平、高效的应聘体验。

总之，借助 AI 技术的力量，该企业得以更加精准地筛选人才，搭建起完善的人才梯队，为自身的长远发展注入了源源不断的动力。

4.3 智能培训：成功经验学习与借鉴

AI 与培训的结合给传统培训带来了颠覆性变革，催生了智能培训。智能培训不仅改变了传统学习方式，更在提升培训效果、优化培训资源、提升学习效率等方面展现出显著优势。一些企业凭借前瞻性的思维和创新的实践，在智能培训方面取得成功。它们的成功经验为其他企业进行智能培训探索提供了借鉴和启示，有助于推动更多企业实现智能培训。

4.3.1 VR技术在培训领域的创新应用

在科技发展日新月异的今天，VR 技术以其独特的魅力与实用性，为培训领域带来了革命性的变化。下面以汽车企业为例，详细讲述 VR 技术在培训领域的创新应用。

在汽车企业中，员工培训是不可或缺的一环，特别是针对专业技术的培训。随着技术的不断进步，汽车企业应持续为员工提供更新知识与技能的培训，以确保他们跟上行业发展的步伐。

越来越多的汽车企业开始采用 VR 技术实施员工培训。VR 技术具有交互式特性，能够构建一个逼真的虚拟场景，用户可以在其中进行拟真互动。在员工培训领域，VR 技术展现出巨大的潜力，能够用于复杂技能的开发和练习。许多汽车企业纷纷建立 VR 门户，为员工提供 VR 培训。

以大众汽车为例，为了全面提升员工的技能水平，大众汽车为不同部门的员工开发了多达 30 个模拟程序，并建立了数字现实中心这一 VR 门户。数字现实中心集虚拟会议室、培训计划与知识库于一体，为员工提供了一个全方位的培训平台。员工只需佩戴 HTC Vive VR 头盔，即可进入虚拟世界，开始他们的培训之旅。

通过 VR 培训，大众汽车的员工不仅能够系统地获取知识，还能在虚拟环境中进行反复的技术训练，从而不断提高自己的技能水平。这种培训方式不仅高效便捷，还能让员工在实际操作前充分熟悉和掌握相关技能，为实际工作打下坚实基础。

同样，奥迪也积极采用 VR 技术进行员工培训。奥迪认为，VR 技术能够突破时间和空间的限制，为各工厂提供高效、便捷的培训解决方案。通过使用 VR 技术，奥迪无须为员工准备专门的训练场地或物理样机，从而极大地降低了培训成本。

奥迪的物流体系相当复杂，对员工的工作准确度要求很高。为此，奥迪引入了 VR 培训，在虚拟空间中对物流员工进行精准训练。通过模拟真实的工作场景，员工能够学习并掌握正确的人体工程学动作，从而有效预防工作上的失误。

此外，奥迪还利用 VR 技术搭建了一个被称为"物流中心工作站"的虚拟空间。借助 HTC Vive VR 头盔和控制器，员工可以在这个虚拟空间中进行各种手部动作训练，以提升他们的操作技能和熟练度。

值得一提的是，奥迪经销商旗下的员工也能享受到这种游戏形式的虚拟培训。通过 VR 程序，员工可以与客户进行虚拟的互动交流，而且每次互动都能获得积分。VR 程序能够实时统计分数，并指出员工在互动中存在的错误和不足，帮助他们及时改进和提升。

宝马将 VR 技术应用于培训、生产、营销等方面，并将 VR 技术集成到多个项目中。宝马打造了以 VR 技术为基础的培训系统，用以改善和优化各部门员工的工作。员工进行 VR 培训后，宝马会收集数据，并根据数据分析结果对培训计划进行改进。

制作一个汽车实体模型的成本在 25 万到 100 万美元，而且开发一种新的汽车模型需要 50 ~ 70 个中间原型。即便对于大型汽车企业，物理样机的生产成本也十分高昂。因此，宝马将 VR 技术应用于三维模型投产前的原型制作与测试，以降低成本。

宝马认为，创建虚拟现实原型的主要目标是在建模以及可视化分析方面实现共同协作，以实现更好的人机体验和用户交互。

宝马集团的工程师和设计师可以使用虚拟现实技术来测试车辆的变化，减少了制作物理模型的支出。在物理原型制作中，时间和金钱往往是主要的制约因素，而 VR 原型制作凭借顺畅的创建和测试流程，巧妙地解决了这一问题。

通过制作虚拟原型，宝马不仅提高了开发效率，缩短了迭代周期，还显著降低了成本，加速了新型汽车的生产进程。在竞争激烈的汽车市场中，开发周期的长短在一定程度上决定着企业的成败，使用虚拟样机可以有效缩短开发周期，为制造商带来竞争优势。

VR 技术对汽车行业的影响深远而广泛。它不仅推动设计流程实现从线下到线上的转移，缩短了上市时间，还节省了大量的成本和资源。此外，VR 在装配线上的应用，可以帮助企业优化生产过程，支持生产线和车辆的人体工程学设计，进一步提升生产效率和产品质量。

4.3.2　AI助力企业实现个性化培训

AI 以高效、便捷的特性赢得了企业的广泛青睐，众多企业纷纷借助 AI 来提升人力资源管理的效率与质量。其中，利用 AI 进行培训已成为企业实施员工培训的有效手段。

以某大型零售企业为例，为了显著提升员工的业务水平，该企业在培训中引入 AI，为员工制订个性化培训计划。具体而言，该企业主要在以下几方面应用 AI。

（1）数据收集与分析。HR 对员工的各项工作数据进行了统计，包括销售数额、客户反馈、个人评价等，并利用 AI 对员工的能力和需求进行了深入分析。

（2）制订个性化培训计划。HR 与员工以数据分析结果为基础，共同制订个性化培训计划。针对在产品基础知识方面存在欠缺的员工，该企业提供基础知识课程；针对在与客户沟通方面存在问题的员工，该企业为其提供专门的沟通培训。

（3）及时反馈与调整。在培训过程中，AI会实时监控员工的培训进度与效果，并反馈给HR，帮助HR及时调整培训计划，保证培训的有效性和针对性。

（4）效果评估与总结。在培训结束后，AI能够根据收集到的数据做出具体分析并输出报告，对培训结果进行评估并总结经验教训，助力HR完善和优化培训计划。

对于销售人员而言，利用AI进行培训主要有以下四个好处。

（1）量身定制培训计划，助力销售人员实现个性化学习。借助智能算法与大数据分析，AI能够实时监控销售人员的学习进度与学习成绩，为他们量身定制个性化培训方案。这种个性化的学习方式使销售员工能够根据自身需要选择合适的学习内容，并把控学习进度，从而实现精准的能力提升。

（2）通过陪练系统提高销售技巧。AI能够模拟真实的销售场景，为销售人员提供丰富的训练机会。在虚拟场景中，销售人员可以锻炼自己的销售技能，提升应对突发情况的能力。

（3）智能反馈培训效果，优化学习策略。AI能够借助智能算法收集员工的学习数据并进行分析。在AI及时跟进下，销售人员能够详细了解自己的学习数据和学习效果，及时调整和改进学习策略。

及时的反馈和评估能够帮助销售人员提高学习效率，从而更好地应对市场竞争，提升竞争力。

（4）助力员工高效学习，牢牢把握市场机遇。AI培训具有方便、灵活等特点，销售人员能够突破时间和空间限制，随时随地参与培训。

无论是在企业还是在家里，销售人员都可以利用碎片化时间进行学习。这种高效的学习方式使销售人员能够及时了解市场动态和客户需求，及时调整销售策略，提升销售成功率和竞争力。

AI智能培训系统是企业提升团队能力的理想选择。借助个性化培训方案、实战模拟训练、智能反馈等功能，AI培训系统能够为销售人员提供新奇的培训体验。员工能够在AI智能培训系统的帮助下优化学习策略，提升销售技巧，从而获得更好的发展。

利用 AI 进行个性化培训是企业培训的未来趋势。在 AI 的帮助下，员工将获得更优质的学习体验和更显著的能力提升。

4.3.3　在线学习平台：企业培训新趋势

随着 AI 技术的不断发展，许多企业尝试将 AI 技术与在线教育融合。例如，许多互联网企业利用 AI 技术打造在线学习平台，对员工进行培训，不断提升员工的能力，获得竞争优势。

人才已经成为衡量企业综合实力的重要标准，许多企业不断进行人才创新，并试图利用人才创新推动科技创新。在这种情况下，企业通过员工培训提高员工能力成为常态。然而，传统培训存在体系不完善、课程质量参差不齐、培训效果较难评估等问题。面对这些问题，互联网企业蓝凌打造了蓝凌在线培训平台，帮助企业进行员工培训。

蓝凌在线培训平台主要覆盖六大场景，包括在线学习、在线直播、考试管理、移动学习、学习地图和答题竞赛，能够满足企业多方面需求。

蓝凌在线培训平台主要有五大优势。

（1）体系化。蓝凌在线培训平台能够根据企业的岗位需求与业务实践为其制订合适的学习计划，实现对业务体系的支撑。在该在线培训平台的帮助下，优秀员工的经验能够得到快速传播，供其他员工学习。

（2）在线化。蓝凌在线培训平台能够实现"培训—学习—考试—评分—归档"全流程线上化。企业即便进行线下培训，也可以通过直播、录播等方式保存到线上，以供员工反复学习。

（3）移动化。蓝凌在线培训平台能够使员工随时随地参加考试，检验培训成果。员工能够借助 App 随时接收企业的学习推送，利用碎片化时间完成日常学习和考试。

（4）游戏化。员工能够从问答竞赛、闯关学习等小游戏中获得知识，参与热情很高。

（5）个性化。蓝凌在线培训平台能够为不同岗位打造个性化、差异化学习内容，有针对性地帮助员工提高个人能力。

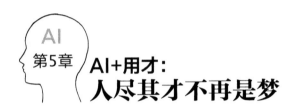

第5章 AI+用才：
人尽其才不再是梦

企业选拔人才的目的是获得自身发展所需人才，而只有实现人尽其才，企业才能有效挖掘人才的能力，与人才实现共同发展。为此，企业应将 AI 和用才相结合，利用 AI 实现人才的精准定位，有效释放人才潜能，提升企业效能。

5.1 用才关键点：分工与分权

为了更好地发挥人才的作用，企业可以利用 AI 确定员工的分工，提高组织运转效率。具体来说，企业可以利用 AI 进行人岗匹配、自动排班等，合理安排员工的工作。

5.1.1 AI助力，实现人岗匹配

企业在使用人才时，需要注意人岗匹配。人岗匹配是检验企业招聘结果的重要指标，能够最大限度地挖掘员工的价值，对于企业和员工来说都有重要意义。但是传统人岗匹配往往需要 HR 耗费大量精力将岗位描述与候选人能力进行比对，而且最终结果可能存在一定的误差。对此，企业可以借助 AI，对员工特性进行智能分析，促进人岗协调。

例如，金柚网是一家人力资源服务商，深耕人力资源行业十余年，推出了 AI 工具——"梧桐数字员工"。梧桐数字员工具有人岗匹配功能，能够根据岗位描述快速审阅候选人的简历，对岗位和候选人进行预匹配打分，有效提高招聘的准确度。

（1）快速匹配，提升招聘效率。基于梧桐数字员工的人岗匹配功能，HR 仅需上传岗位描述和候选人简历，梧桐数字员工即可自动进行深度分

析，快速识别候选人与岗位的契合度。这一功能极大地缩短了简历筛选时间，使 HR 能够将更多精力聚焦于候选人面试与深度评估上。

（2）多维度匹配，提高匹配准确度。基于大模型的自然语言理解能力和思维链，梧桐数字员工能够深入挖掘岗位描述中的关键信息，并从多个维度对候选人进行评估与打分。通过综合评判，梧桐数字员工能够准确找出与岗位最匹配的候选人，为 HR 提供有力的决策支持。

（3）岗位和简历智能追问，提供个性化面试题目。梧桐数字员工具有追问功能，能够根据 HR 的问题提供相应答案，例如，"该岗位的人才需要具备哪些能力""根据候选人的简历提供一份面试问题大纲"等。

5.1.2 自动排班，任务分配更合理

为了进一步提高运转效率和排班的合理性，一些企业开始利用自动排班软件为员工排班。AI 自动排班能够使任务分配更加合理，优化人力资源管理流程，节约 HR 的时间。

传统的排班方式比较复杂，需要 HR 投入大量精力，即便如此，仍难以避免排班冲突和错误的发生。而 AI 自动排班系统则能够依托强大的数据分析能力，对历史数据和员工需求进行分析，从而制订出更为合理的排班计划，显著减少排班错误，提升整体工作效率和员工满意度。

AI 自动排班系统能够对海量数据进行深度挖掘，并充分考虑员工的工作时间偏好、技能水平及个人需求，以实现班次安排的合理化和最优化。同时，通过对员工工作量数据的统计与分析，AI 自动排班系统能有效推动工作流程持续改进。

在进行数据分析时，AI 自动排班系统会对历史数据进行整理和清洗，排除噪声和异常值，然后运用决策树、神经网络等算法进行模式识别与预测，最终结合员工的个人诉求和企业的相关规定，生成一套既科学又人性化的排班方案。

此外，AI 自动排班系统采用多种优化算法，如遗传算法、模拟退火算法等，对排班方案进行持续优化，以进一步提升排班的合理性和效率。在优化

过程中，系统会明确需要优化的目标函数和约束条件，在满足员工需求和遵守企业规定的同时，使用合适的优化算法进行迭代计算，以找到最佳的排班方案。

AI自动排班系统能够通过算法生成合理的排班表，还支持人为修改，以使排班方案更加符合实际。借助AI自动排班系统，HR能够随时查看排班情况，及时发现排班异常并进行修正。AI自动排班系统的实时监控能够与员工的实时反馈相结合，实现排班方案的快速调整，最大限度降低排班错误造成的影响。

AI自动排班系统尊重员工的想法，员工可以根据自身需求和实际情况自行调整排班方案。例如，员工能够在一定时间段内灵活调整班次，从而更好地应对突发状况。

百分茶是一家新式茶饮企业，在全国开设了上百家门店。在人力资源管理方面，百分茶存在三个痛点，如图5-1所示。

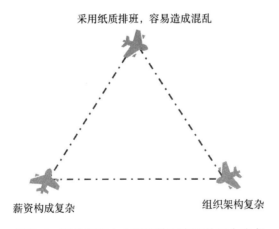

图5-1 百分茶在人力资源管理方面的三个痛点

1.采用纸质排班，容易造成混乱

百分茶的店面管理由店长全权负责，店长负责安排每周排班，并将排班表通过微信发送给员工或张贴在店内。由于排班数据沉淀在门店层面，百分茶总部无法了解门店的排班情况，因此对排班中存在的不合理现象无法及时干预，这导致有时甚至会出现兼职员工薪资比全职员工高的现象。

2. 组织架构复杂

百分茶的组织架构十分复杂，既有直营门店，又有加盟店。对于直营门店和加盟店的管理者和员工，百分茶都通过钉钉平台进行管理。

3. 薪资构成复杂

百分茶的职级划分复杂，从兼职员工到店长，共分为 7 个职级。员工的薪资不仅与职级和地区挂钩，还涉及节假日补贴、员工晋升带来的薪资变动等多种因素。这种复杂的薪资结构使得 HR 每次核算工资时都要进行多次计算，效率低下。

为了解决这三个痛点，百分茶与 i 人事展开了合作。百分茶秉持以人为本、注重用户体验的理念，利用 AI 进行人力资源管理转型。

在排班方面，i 人事能够根据员工的需求与百分茶总部的要求自动排班，并进行数据管理，使总部能够随时了解门店的排班情况。

在组织架构方面，i 人事为百分茶提供了组织架构和花名册系统，能够区分百分茶的直营店和加盟店。基于此，百分茶使用钉钉对外部员工进行管理，有效区分了内外部员工。

在薪资核算方面，i 人事为百分茶提供了薪资核算模块。该模块能够根据 HR 设定的数值自动进行核算，有效提高了薪资核算的效率和准确性。

在 i 人事的助力下，百分茶实现了降本增效的目标。仅在排班这一方面，百分茶直营店年均节省百万元工资支出。百分茶持续与 i 人事紧密合作，解决门店绩效计算和发放问题，进一步节约资源。

基于 AI 技术的自动排班系统可以精确、高效地解决排班难题。AI 自动排班系统通过数据分析、算法优化、实时监控和人性化设计等多种手段，提高了排班的准确性和效率，减少了排班冲突和错误。未来，AI 自动排班系统将会在各个行业广泛应用，为企业和员工带来更多的便利和效益。

5.2 打造基于AI的智能绩效管理系统

智能绩效管理系统是一种有效的人力资源管理工具，利用信息技术对企业的绩效进行全面、科学分析与管理，能够提高企业绩效管理的效率和准确性。随着AI广泛应用于企业管理，越来越多的企业倾向于利用AI打造智能绩效管理系统，以激活人才潜能，提升组织效能，实现降本增效。

5.2.1 自定义绩效考核方案

AI可以助力企业高效地制订绩效考核方案，主要分为以下几个步骤，如图5-2所示。

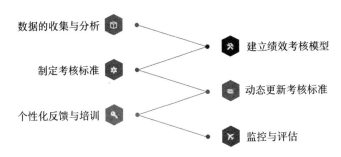

图5-2 AI助力企业制订绩效考核方案的步骤

1. 数据的收集与分析

在制订绩效考核方案之前，企业需要全面收集员工的数据，包括工作表现、具备的技能、工作态度等。这些数据主要来源于员工个人、同事、上级等。AI会对这些数据进行深度分析，找到影响员工工作表现的关键因素，以及各因素之间的内在关联。

2. 建立绩效考核模型

基于数据分析的结果，企业可以构建精准的绩效考核模型。这一模型可以借鉴机器学习的预测模型，也可以融合专家规则模型，旨在预测员工未来的工作表现，为制定考核标准提供科学依据。通过这一模型，企业能够更准确地评估员工绩效，为人才选拔和激励提供有力支撑。

3. 制定考核标准

在建立绩效考核模型后，企业需要制定具体的考核标准。制定绩效考核标准需要从多维度出发，涵盖各个方面，包括工作量、工作能力、工作态度等。考核标准需要具有一定的区分度，能够区分出普通员工与优秀员工。

4. 动态更新考核标准

考虑到员工工作表现可能产生波动和变化，企业需要定期更新考核标准。通过收集新的数据、重新训练绩效考核模型等方式，企业能够确保考核标准的时效性和准确性。这种动态更新的方式有助于维护考核的公平性和有效性，确保企业能够及时调整和优化绩效考核方案。

5. 个性化反馈与培训

基于 AI 制定的考核标准不仅能为员工提供个性化的反馈和建议，还能帮助员工深入了解自己的优势和不足。这有助于员工更有针对性地制订个人发展计划，提升自身能力。同时，AI 还能为员工提供定制化的培训课程，根据员工的实际需求和技能差距为其提供精准培训，使员工的能力快速提升。

6. 监控与评估

为了确保 AI 在绩效考核和员工培训中得到有效应用，企业需要定期监控和评估其效果。通过比较员工的实际工作情况与预测情况、收集员工对 AI 的反馈等方式，企业能够全面评估 AI 的实际效果。一旦发现培训效果不佳或绩效考核方案存在不合理之处，企业就要及时调整和优化，确保 AI 在人力资源管理中发挥更大的作用。

例如，上海小荧星集团是一家儿童艺术教育专业机构，能够为儿童提供多样化的艺术培训服务。随着业务不断扩张、员工队伍日益壮大，小荧星集团面临两大问题。

第一个问题是传统的绩效考核体系已经无法满足其多元化的考核需求，其需要为不同类型的岗位制定不同的考核标准，并且实现对员工绩效考核进度的追踪与管理。

第二个问题是各个部门的绩效评分规则差异大，HR 汇总绩效分数十分耗时，延长了薪资核算周期，引起了员工的不满。

为了解决上面两个问题，小荧星集团需要制定更加科学的绩效考核标准，提高员工的工作积极性与满意度。因此，小荧星集团与昇鹏人效云展开合作，建立了更高效、更可靠的绩效考核体系。二者的合作主要有以下几个优势。

1. 利用智慧绩效实现降本增效和运营效率提升

昇鹏人效云收集了员工的基础数据，包括考勤数据、业绩数据等，并将这些基础数据与绩效挂钩，打造了公平、高效的绩效考核体系，有效提高了员工的工作积极性和满意度。昇鹏人效云还关注员工的当前能力与未来发展，借助算法对员工学习、升职的机会进行预测，为员工提供了明确的职业发展方向和培训路径。

2. 实现薪酬管理精细化，缩短算薪流程

昇鹏人效云解决了小荧星集团业务绩效数据不准确的问题，有效提高了薪资核算的准确度。昇鹏人效云打造了全新的数字化绩效框架，拆解薪资核算过程，使其更加简便。

昇鹏人效云借助 SaaS+PaaS(Platform as a Service，平台即服务) 的解决方案降低了薪资发放错误率，实现了对员工的正向激励，提高了员工的工作积极性和小荧星集团的运营效率。

昇鹏人效云还为小荧星集团制定了绩效考核表单，员工的绩效与考勤、奖金、领导激励等因素息息相关。昇鹏人效云采用流程式考核模式，能够灵活调整考核的各个节点。HR 可以在系统中随时查看绩效考核进度，并且所有绩效考核数据最终都会汇总到云端，有效减少了 HR 的工作量。

3. 实现员工效能提升，推动企业高质量发展

小荧星集团在巩固现有市场基础的同时，希望向更多地区扩展，为此需要储备大量的人才。该集团以年为单位计算人才成本，并根据市场环境变化规划人才成本。

此外，小荧星集团每年都会调整人才结构，实行优胜劣汰，确保留存的是优秀人才，实现合理的人才成本控制。

在昇鹏人效云助力下，小荧星集团成功构建了一套高效、可靠的绩效考核体系，有效激发了员工的工作动力。基于此，小荧星集团得以全面掌

控自身的整体规划，掌握全年预算执行情况。新员工入职时，系统会自动推送预算执行情况，为小荧星集团做好成本管控提供了有力支持。小荧星集团还在人才激励方面取得了显著成效，为自身的长远发展奠定了坚实基础。

随着小荧星集团不断发展壮大，昇鹏人效云也不断提升，以更优质的服务满足其不断变化的需求，为其提供可靠的技术支持。

5.2.2 绩效结果评估和未来潜力预测

绩效管理是企业管理中的重要一环，能够通过对员工绩效的评估与对员工的激励，推动企业不断发展。在绩效管理中，绩效结果评估和未来潜力预测是十分重要的两个方面。

绩效结果评估是对员工在一段时间内的工作表现的综合评价，能够衡量员工一段时间内的工作成效。未来潜力预测指的是根据员工过去的工作表现、能力、素质等多个因素，预测员工的未来发展潜力。

为了高效地进行绩效结果评估和未来潜力预测，许多企业引入 AI 技术，让 AI 辅助 HR 开展工作。HR 使用 AI 进行绩效结果评估和未来潜力预测需要经过以下几个步骤。

1. 明确绩效分析的目标

在使用 AI 进行绩效结果评估和未来潜力预测时，HR 需要明确绩效分析目标，这有助于提高 AI 分析的准确性与有效性。

2. 数据收集与整合

数据收集与整合是 AI 分析的基础。AI 依赖于大量数据进行深度挖掘与分析，因此 HR 需广泛收集与员工绩效相关的各类数据，包括打卡记录、工作结果、工作量等。这些数据可能分散于不同系统中，需进行整合，以确保数据的完整性与准确性。

3. 数据预处理与清洗

原始数据可能存在一些错误，如数据重复、缺失，存在异常值等，这会对数据分析的准确性造成影响。因此，HR 需要通过数据清洗对问题数据进行处理，有效提高数据质量和可用性。

4.选择合适的AI算法

不同算法适用于不同的问题，HR需根据数据分析目的和数据特点选择合适的算法。例如，对于预测员工离职问题，决策树和随机森林算法更适用；而对于评估员工绩效得分问题，线性回归和逻辑回归算法更合适。

5.模型训练与评估

在选择合适的算法后，HR需要对模型进行训练与评估。对模型进行不断训练与调整，能够有效提高其准确性。

6.模型部署与应用

模型训练完成后，便可进行部署与应用。HR可以用模型预估员工绩效结果和未来潜力。

7.持续优化与改进

AI模型的构建不是一蹴而就的，需要不断优化。随着数据的积累与业务的发展，AI模型需要重新调整。此外，根据用户的反馈，AI模型也需要进行相应调整。

借助AI技术的强大力量，企业能够实现对员工绩效结果的精准评估与未来潜力的科学预测。这有助于企业筛选出优秀人才，为自身长远发展注入强大动力。

5.2.3　绩效反馈话术推荐

绩效反馈是绩效评估的最后一个环节，指的是以客观数据为基础，通过与员工交流告诉员工其在一段时间内的工作表现。对于员工来说，绩效反馈具有以下意义。

（1）绩效反馈能够使员工了解自己在过去一段时间内的工作表现，及时调整工作状态，改进工作方法，以提高工作质量和效率。

（2）绩效反馈能够提高员工的工作积极性和对工作的满意度。

（3）绩效反馈能够使员工了解自己的优缺点，为员工提供成长机会和发展方向，有利于员工未来的职业发展与晋升。

对于企业而言，绩效反馈有利于其了解员工的日常工作表现，及时发现员工存在的问题，帮助员工自我提升。这不仅能够促进员工成长，更能推动企业整体战略目标的实现，为企业长远发展奠定坚实基础。

为了使绩效反馈更有效，HR可以借助AI获取绩效反馈话术。AI在绩效反馈话术推荐方面的作用主要体现在以下几个方面。

1. 个性化推荐

AI可以通过分析员工的绩效数据、工作表现、个人特点和团队文化，为HR提供个性化的绩效反馈话术建议。例如，对于表现优秀的员工，AI推荐强调其贡献和成就的话术；对于需要改进的员工，AI提供具体的、建设性的话术。

2. 情感智能

AI可以利用情感分析技术识别出员工在绩效沟通中的情感反应，并据此为HR推荐更为贴心和恰当的话术。这样可以确保HR在反馈过程中更加关注员工感受，提高沟通效果。

3. 实时建议

在HR与员工进行绩效沟通时，AI可以实时监听对话内容，并根据对话进展为HR提供即时的反馈话术建议。这有助于HR更加灵活地应对各种情况，确保反馈的及时性和有效性。

4. 案例库支持

AI可以构建一个涵盖多种绩效反馈场景的案例库，为HR提供丰富的参考和灵感。当HR遇到类似情况时，可以从案例库中快速找到合适的话术，并进行适当的调整。

5. 数据分析与优化

AI可以收集和分析历史绩效反馈数据，了解哪些话术更有效、哪些需要改进，并据此不断优化推荐算法。这样可以确保AI推荐的绩效反馈话术始终有效，满足HR的实际需求。

5.2.4 精准推荐绩效改进方案

在绩效管理的整个流程中，绩效改进是一个关键环节，绩效管理实际上就是绩效不断改进提升的循环过程。想要实现持续的绩效改进，企业就要有合理的绩效改进方案。借助绩效改进方案，企业能够发现问题并及时改进，提高员工的工作效率和工作质量，从而提升自身的核心竞争力。

然而，对于人力资源部门而言，制订一套有效的绩效改进方案并非易事。对此，人力资源部门可以借助 AI 技术，从以下几个方面入手高效地制订绩效改进方案。

1. 对绩效考核结果进行回顾和分析

凭借强大的数据分析能力，AI 能够精确剖析员工的优势与不足，展现员工的出色表现并明确指出员工需要改进的地方。在此基础上，HR 能够根据 AI 给出的绩效分析表和员工进行逐项沟通，对绩效评估的各项内容达成一致意见，进而共同制订绩效改进方案。

2. 明确改进目标

在制订绩效改进方案时，HR 与员工需要深入剖析员工存在的问题，并针对这些问题设定明确、可衡量的改进目标。

3. 确定改进的具体措施

AI 将根据员工的实际情况，推荐一系列具体改进措施，包括但不限于参加专业培训、征求同行意见、轮岗、参与固定的小组讨论等，旨在从多个维度提升员工的综合能力。

4. 列出实施绩效改进方案所需资源

想要落实绩效改进方案，就要有充足的资源支持。AI 能够精准列出所需资源，如培训课程、培训机会、培训设备等，为方案的执行提供有力支持。

5. 明确评估时间

员工的能力提升、方法改进和习惯养成是一个长期过程，需要经过一定的时间才能显现成效。因此，合理设定评估周期至关重要。若评估周期过短，可能无法准确反映员工能力提升情况，还可能影响员工的工作进度和精力分配。

6.制订正式的改进方案

经过以上步骤，HR与员工已对绩效改进方向有了清晰的认识。接下来，双方需要共同制订一份正式的绩效改进方案。

制订正式的改进方案后，HR需要与员工确认和沟通，确保双方对方案的内容和执行计划达成共识。在此基础上，双方可以签订绩效改进协议，明确各自的责任和义务，确保方案顺利实施。

在制订绩效改进方案过程中，AI的辅助作用不可忽视。AI能够基于数据分析提供更为精准和个性化的改进建议，帮助HR和员工更加高效地制订方案。同时，AI还能够对方案的执行情况进行实时追踪和反馈，为HR和员工提供及时的调整和优化建议。

北大荒集团作为一家大型农业集团，积极适应新时代发展要求，与i人事进行了合作。北大荒集团引进了i人事的绩效管理系统，并制订了专属的绩效考核方案，包括考核主体、考核内容、考核评定等，以确保考核的公正性。

相较于其他绩效管理系统，i人事在以下几个方面有明显优势，如图5-3所示。

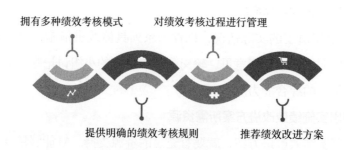

图5-3　i人事的优势

1.拥有多种绩效考核模式

市场上有很多绩效管理系统，但大多数局限于单一绩效考核模式。与它们不同，i人事能够根据企业的实际情况提供多种绩效考核模式，满足企业在不同发展阶段的绩效管理需求。

2. 提供明确的绩效考核规则

i人事能够为企业提供明确的绩效考核规则，包括考核模板、考核流程、考核分数细则等，为企业提供一个清晰、易操作的绩效管理框架。

3. 对绩效考核过程进行管理

通过i人事的绩效模块，企业能够实时获取考核信息，并根据实际情况调整考核方案。同时，HR也能够便捷地查看员工的考核进度，进一步加深对员工的了解与认知。

4. 推荐绩效改进方案

企业可以根据自身需求，利用i人事的绩效模块制订考核计划与进度，并进行实时绩效追踪。i人事还能根据企业情况为其推荐绩效改进方案，为员工的成长与发展提供有力支持。

5.2.5 Meta根据AI算法辞退多名员工

如今，AI的用途越来越广泛，不仅能够帮助企业招聘新员工，还能够帮助企业裁员。2022年，一则"Meta基于AI算法，辞退60名员工"的新闻引发了广泛关注。

Meta的此次裁员并非由上级领导决策，而是依赖于AI生成的绩效考核结果。据悉，如果员工的电脑超过8分钟没被使用，AI系统便会判定其处于休息状态并发出警告；如果员工的"休息"时间累计超出特定标准，AI系统便会扣除其相应的绩效分数。

这种基于AI系统的裁员方式与外卖平台对配送员的考核方法颇为相似。外卖平台通过AI系统计算最优送餐路线和时间，一旦配送员未能按时送达，便会面临扣减薪资的处罚。

虽然算法裁员是遵循一定规则进行的，但这种方式也存在一定问题，如图5-4所示。

（1）对算法公平性的质疑。例如，某个遭遇算法裁员的送货员认为，AI是在用不可控的事故对其进行惩罚。送货员在送货过程中可能会遇到交通拥堵、意外事故等特殊情况，这些特殊情况不应该被判定为"履职不到位"。

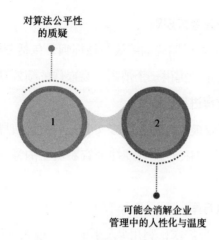

图5-4　算法裁员存在的问题

之所以会出现这种判定，是因为 AI 算法还不够智能，没办法做出人性化的判定。企业在利用算法对员工进行绩效考核时，应适当进行人工干预，对一些明显的偏差进行修正，确保规则和标准的透明化，从而弥补算法的不足。

（2）可能会消解企业管理中的人性化与温度。算法裁员将解雇员工的责任从老板和 HR 转移至 AI，使劳动关系日趋非人化。企业文化的构建离不开人与人之间的互动与交流，而过度依赖算法裁员可能削弱企业的凝聚力与员工的合作精神。

虽然目前真正实施算法裁员的企业不多，但越来越多的企业已经开始运用 AI 算法评估员工的工作状态。尽管 AI 在企业管理中的应用是大势所趋，但企业仍需审慎把握尺度，在追求效率的同时，也应保持对员工的人文关怀。

5.3　"AI+薪酬"引爆执行力

员工工作懈怠，缺乏动力，是很多企业会遇到的问题。对此，企业可以制定科学的薪酬制度，激发员工的工作动力。将 AI 与薪酬制度相结合，能够为员工提供强大的工作动力，激发员工的执行力。

5.3.1　从宽带薪酬到积分薪酬

宽带薪酬是一种新型的薪酬结构，它打破了传统的严格等级划分，将多个薪酬等级合并为较少的薪酬带，并在每个薪酬带内设置较大的薪酬浮动范围，赋予薪酬体系更高的灵活性。这种结构不仅减少了薪酬等级的数量，而且每个等级覆盖的薪酬范围更加宽泛，从而为员工提供了更为灵活的晋升路径，同时也为管理者提供了更大的薪酬分配空间。

然而，实施宽带薪酬需要满足一系列前提条件，这些条件涉及企业内部结构及外部环境。一方面，企业必须有清晰的员工层级划分和明确的岗位职责，这样才能保证薪酬的公平性和合理性，避免员工因为与他人的薪酬存在差异而感到不满。

另一方面，企业的发展阶段是决定其能否实施宽带薪酬的一个重要因素。一般来说，初创企业或处于快速扩张阶段企业的组织架构较为简单，员工层级划分不明显，实施宽带薪酬可能会增加管理成本，不利于企业稳定发展。成熟稳定企业的组织架构清晰，员工层级明确，更适合实施宽带薪酬。

尽管宽带薪酬有显著的优势和积极影响，但也存在一些局限性。例如，宽带薪酬可能难以满足某些员工对职位晋升或事业发展的需求。在传统薪酬体系中，晋升通常伴随着薪酬水平的上升，然而在宽带薪酬体系中，薪酬水平的提升不完全依赖于职位的晋升，这可能导致一些员工职位晋升机会有限。此外，宽带薪酬体系与绩效管理密切相关，要求企业具备完善的绩效管理体系。如果绩效管理不到位，可能会导致薪酬与绩效之间的关联度降低，从而影响宽带薪酬的激励效果。

积分薪酬是一种绩效导向的薪酬体系，它根据员工的工作表现、达成的目标和贡献程度来决定其薪酬水平。在这种体系下，员工的薪酬不是固定的，而是根据他们的绩效评估结果动态调整。

积分薪酬的核心在于员工的绩效评估。绩效评估过程和结果必须公正、客观、准确，能够真实反映员工工作表现和贡献。这要求企业建立完善的绩效评估体系，能够全面、多维度地评价员工的工作成果，避免主观偏见和人为干预。

想要实施积分薪酬体系，企业就需要设置激励机制。激励机制应当与企业的战略目标和员工的个人发展目标相契合，能够激发员工的积极性与创造力。

但在实际操作中，积分薪酬数据记录量较大，统计汇总比较困难，而且随着时间的推移，企业可能会新增积分项目，这进一步加大了数据记录和统计的难度。此外，积分薪酬可能导致团队内部出现过度竞争的情况，影响团队合作和员工整体的工作体验。

综上所述，宽带薪酬能够为员工提供更多的薪酬增长机会，而积分薪酬更注重员工的实际表现。将二者相结合，可以构建一个更加全面、灵活的薪酬体系。企业可以在基本薪酬基础上引入宽带薪酬，根据员工绩效、技能提升等因素增加员工的薪酬。在宽带薪酬基础上，企业可以引入积分薪酬作为额外的激励，员工可以凭借良好的工作表现或完成特定的工作任务获得积分。这种设计可以使薪酬体系更加灵活，更真实地反映员工的实际贡献，激发员工的工作热情。

例如，某地产企业在宽带薪酬基础上引进积分薪酬制度。各部门经理每个月对本部门员工的工作表现、贡献等进行评分，根据评分给予员工一定的积分奖励。当积分达到一定值时，员工便可获得相应的奖励或福利。这种制度不仅激发了员工的工作积极性，还促进了企业文化建设。

5.3.2　智能工资核算与结算

对于员工而言，每月翘首以盼的日子无疑是发薪日。这一天，他们期盼着能准时收到自己辛勤工作的回报。然而，薪酬管理涉及众多烦琐细节，从薪酬计算到核对，都需耗费大量时间，HR有时难以按时完成薪资核算。

为解决HR在薪酬管理中遇到的问题，无代码系统搭建平台轻流利用AI技术搭建了薪酬管理系统，实现智能工资核算与结算。

（1）简化五险一金的计算，实现一键导入。员工的薪资一般由三个部分组成，即基本薪资、五险一金及个税、绩效奖金。其中，五险一金及个税的计算需要耗费大量时间和精力。而如今，HR可以通过薪酬管理系统一键导入员工的个人数据，系统根据员工的个人数据自动核算其需要扣除的五险一金以及为其实际发放的工资。

对于有分公司的企业，薪酬管理系统支持录入不同的社保方案。系统能够根据已经设定好的五险一金缴纳方案进行自动调整，极大地减轻了HR的工作负担。

（2）自动发放工资条，使整体流程更可控。在导入员工薪资明细表后，薪酬管理系统自动生成工资条，并通过短信、邮件等方式通知员工。这极大地节约了HR的时间。如果薪资计算有误，员工可以通过系统提交反馈，系统将自动转接到财务部门进行确认。这简化了薪资核算的流程，提高了各个部门协同工作的效率。

（3）自动生成薪资报表，为管理决策提供依据。薪酬管理系统会根据薪资数据自动生成报表，HR可以随时了解各个部门的薪资情况，实现人力资源成本的有效控制。此外，薪酬管理系统还支持自定义设置报表，包括展现形式、展现内容等，满足企业个性化的薪资管理需求。

亚虹医药是一家国际制药企业，规模很大，其在人力资源管理中主要存在四个问题。

（1）内部人事管理混乱。员工入职时仅在线上填写基本信息，其他信息都需要线下手动填写，劳动合同的签订也在线下完成。该企业的分公司众多，许多人事文件需要邮寄，使得人力资源管理流程变得更加复杂，效率低下。

（2）薪酬福利计算复杂。每月，HR都需要投入大量时间和精力对员工社保数据、工作绩效等数据进行统计。而且由于电子化流程尚不完善，许多关键数据需手动录入和计算，出错的风险很大。

（3）许多项目工时分摊数据仅能在线下提交审批，需要HR花费大量时间进行统计。

（4）研发人员成本分摊统计表需要HR手动制作，十分复杂。

为了解决这些问题，亚虹医药与i人事展开合作，制订了实践方案。

（1）i人事帮助亚虹医药搭建了数字化人事管理系统，全球各地的员工都能够扫码进行线上入职登记，避免了烦琐的人事文件邮寄，实现了无纸化办公。i人事还具有福利关怀功能，会在员工入职纪念日、生日等特殊日子为员工送上祝福，增强员工的归属感。

（2）i人事为亚虹医药提供了薪资计算功能，能够满足其复杂的薪资计算需求，包括外籍员工的薪资计算。i人事还能够随时对社保数据进行自动更新，方便HR随时掌握员工薪资动态。通过使用i人事的薪资核算功能，亚虹医药有效减少了人工干预，提高了薪资计算的准确性。

（3）为了能够更好地对研发人员的分摊成本进行计算，亚虹医药选择使用i人事的APaaS(Application Platform as a Service，应用程序平台即服务）低代码平台"智搭云"。该平台每月会自动收集员工在研发项目中的投入分配比例，并自动计算薪资成本数据，给出线上报表，使各项数据有迹可查，方便企业数据留痕，实现数据透明化。

5.3.3　社保自动扣除与缴纳

AI技术蓬勃发展，给各行各业带来了诸多便利。无论是企业还是政府职能部门，都纷纷引入 AI 技术，赋能日常事务运作，享受 AI 带来的便利。

例如，广东省税务局推出了"粤税通"小程序，有效实现语音办税、智能导税和智能预约。粤税通最大的亮点是智能化，其能够利用 AI 实现业务自动化处理，有效减少了纳税人等待时间，节约了许多人力资源。

粤税通不仅获得了许多办税新手的好评，也获得了许多老会计的赞扬。粤税通上线的社保停保、实名认证等功能，在简化业务流程的同时，有效提高了业务效率。

粤税通将用户体验放在首位，推出车船办税、房屋交易等个性化套餐，实现了业务整合和流程优化。此外，粤税通还推出了"新办企业"与"智能预约"套餐，在核验完企业信用代码和法人身份信息后，纳税人就可以享受多种服务，包括财务会计制度备案、存款账户账号报告等。纳税人可以在线上办理业务，免除多次奔走之劳，节约了许多时间。

粤税通还拥有智慧型社保业务功能，灵活就业人员可以在线上办理参保、核定、缴费、退费等业务。

粤税通为纳税人带来了许多便利，未来将持续推出更多智慧、便捷的功能，打造电子税务局体系，更好地为纳税人服务。

对于社保扣缴相关问题，博为小帮软件机器人推出了相关解决办法。博为小帮软件机器人将 RPA(Robotic Process Automation，机器人流程自动化)与 AI 技术相结合，为社会保障工作人员提供智能的机器人流程自动化解决方案，提高服务水平和效率，提高用户的满意度。

例如，在增减参保单位缴费核定场景中，工作人员需要执行 5 个环节、35 个步骤，业务流程十分复杂，整体服务水平难以提高。博为小帮软件机器人实现了流程自动化，有效缩短了业务处理时间，提高了业务完成准确度，减轻了工作人员的工作压力，提高了整体业务水平。

5.3.4　设计福利方案，满足不同需求

员工是企业最宝贵的资源，深刻影响企业未来发展。为了能够吸引、留存优秀人才，许多企业尝试为员工提供具有竞争力的薪酬和一系列福利。为了洞悉员工喜好，提供满足员工需求的福利，一些企业引入了 AI 技术。

例如，某大型服装厂深刻认识到员工福利的激励作用，将员工福利作为人才管理的重要组成部分。该服装厂员工众多，员工对福利的需求各异，统一的福利无法满足所有员工的需求。为了解决这一问题，该服装厂引入 AI 技术，从以下几方面入手，对员工福利进行智能化管理，如图 5-5 所示。

1. 搭建员工福利数据库

通过内部系统、员工调查问卷等多种方式，该服装厂全面收集员工基本信息、对以往福利的满意度反馈以及他们期望获得的福利等内容，利用数据分析技术深入洞察员工需求，为制定更加精准的福利制度提供了有力依据。

2. 对员工需求进行分析

该服装厂利用 AI 技术对员工福利数据进行分析，总结出员工福利需求

的共性与差异。例如，年轻员工更看重职业发展机会，希望获得能够提升自我的课程；年长员工则更关注医疗保障等福利。基于数据分析结果，企业能够制定出更具针对性的福利制度，更好地满足员工的个性化需求。

图5-5　利用AI进行智能化福利管理

3. 个性化福利推荐

该服装厂根据 AI 分析结果，为员工提供个性化的福利推荐。对于家庭困难的员工，为其提供更多的福利补贴；对于年长的员工，为其提供体检套餐；对于年轻的员工，则为其提供培训课程。这种个性化的福利制度极大地提高了员工的满意度和归属感。

4. 动态调整福利制度

该服装厂利用 AI 监测福利制度的执行效果，并根据反馈信息及时对福利制度进行调整。例如，在实施某项福利制度后，员工满意度没有上升，那么该服装厂会立即对其进行调整。

5. 智能福利管理系统

该服装厂还开发了智能福利管理系统，实现员工福利的自动化管理。该系统能够根据员工的职级、入职年限等因素，自动计算并为其分配福利，避免人为操作可能产生的失误。

该服装厂通过以上手段优化了员工福利，有效提高了员工的满意度与忠诚度。

还有一些企业与福利数字化系统提供商合作，为员工提供更加多样化的福利选择。例如，福禄福喜是国内领先的福利数字化系统提供商和云服务运营商。其通过对员工需求和行为的洞察，聚集"智能关爱""全场景""高质量体验"三个关键点，将数字化福利与AI技术紧密结合，打造了员工智能关爱福利解决方案。该方案涵盖节假日慰问、生日福利、日常关爱等多个场景，使员工能够全方位感受到企业的关爱，获得优质的福利体验。

（1）丰富员工体验，满足员工需求，提高员工感知度。在AI技术推动下，企业福利从统一发放的传统型福利转变为满足员工需求的弹性福利，然后又升级为个性化定制福利。福利的不断演变表明企业对员工需求的深入洞察与满足。

福禄福喜的智能关爱福利解决方案提供了模块化的福利管理系统，以及从商品供应到员工选择再到售后服务的全流程服务，在满足员工需求的同时，减少了HR的工作。

福禄福喜的智能关爱福利解决方案以AI技术为依托，能够实现弹性化、个性化关爱，覆盖员工的职场全生命周期，让员工获得更多参与感、仪式感。

此外，HR能够通过后台查看福利领取情况，更好地了解员工喜好，从而实现福利产品优化。

（2）为员工提供社交福利。职场社交已经成为员工日常生活的一部分。处于高压下的员工在职场中与他人建立良好的人际关系，有利于调节工作氛围，提高工作效率。

福禄福喜智能关爱福利解决方案在为员工提供福利的同时，还搭建了职场社交第三空间。员工之间能够在生日、司龄日等特殊日子深度互动，拉近彼此之间的距离。

（3）高效的管理工具，实现降本增效。在保障福利满意度的同时，福利管理系统还能够帮助企业降低成本。该系统能够利用标准API（Application

Programming Interface，应用程序编程接口）打通微信、钉钉、公众号等多个渠道，并依托丰富的供应链资源为员工提供海量产品，满足员工多方面的需求。

（4）提升企业形象。为员工提供福利的过程，也是企业展现自身形象与文化的过程。员工在享受福利的同时，更能深刻感受到企业的关怀与温暖，这不仅增强了员工的归属感，也传递了企业积极向上的价值观与文化内涵。

随着 AI、大数据、5G、云计算等技术的快速发展，越来越多企业享受到高新技术带来的便利。企业应积极利用这些先进技术为员工谋求更多福利，推动员工与企业共同成长，共创美好未来。

第6章　AI+留才：
保证组织健康发展

人才是推动企业持续发展的重要因素，人才的选拔、培育、使用、留存一直是企业人力资源管理工作的重中之重。然而，在人力资源管理实践中，企业往往面临诸多挑战，如"招聘时难以精准把握人才特质""员工培训耗时费力，培训成果难以保证""优秀人才频繁流失"等。

在当下大模型技术蓬勃发展的时代背景下，AI技术日臻成熟，众多企业纷纷利用AI技术革新人力资源管理，提升工作效率，降低运营成本。尤其在人才留存方面，AI技术的应用为企业带来了前所未有的机遇。借助AI技术，企业可以进行人才盘点，实现高效用人；优化离职管理，有效降低离职率；科学规划职业生涯，持续激发人才潜能。

6.1　智能人才盘点

企业进行人才盘点就如同整理书柜，对书籍进行分类，将其放到合适的位置，发挥书籍的价值。为了全面评估人才、优化人才配置，一些企业积极借助科技手段开展智能人才盘点工作。通过绘制高潜力、高敬业度和高风险人才画像，企业能够更准确地识别人才的特质与潜力，并采取针对性管理措施，实现人才资源最大化利用。

6.1.1　高潜人才画像：识别能力强员工

在日新月异、高速发展的时代浪潮中，企业为了稳固市场地位、实现长远发展，需要深入挖掘并充分发挥人才的潜在价值。在众多类型的人才中，高潜人才价值凸显。他们往往被寄予厚望，被当作企业未来的领导者来培养。相较于普通员工，高潜人才的表现更加出色，他们往往具有卓越的领导力、敏感的商业嗅觉、强烈的进取心等。

高潜人才在企业发展中占据举足轻重的地位。企业在人力资源管理方面需具备前瞻性，能够提前识别并精心培育高潜人才，为未来腾飞奠定坚实基础。

传统的高潜人才识别往往依赖于 HR 的主观判断，难免存在偏差和局限性。随着信息技术的日新月异，企业可以利用先进的 AI 技术来绘制人才画像。通过从多个维度对员工进行评估，企业能够更加精准地筛选出能力强、潜力大的员工，对其进行有针对性的培养。

e 成科技是一个人力资本数字化平台，致力于提供数字化、智能化服务。为了满足企业在人力资源管理方面的需求，其沉淀了丰富的行业经验，推出了 AI 人才画像功能，实现了员工数据的有效整合和可视化呈现，对人才的过往成就以及未来发展进行了总结和预测。生成人才画像后，e 成科技利用盘点技术对人才进行全面分析，筛选出高潜人才，助力企业组建优秀团队。

1. 绘制人才画像

绘制人才画像是一项系统性工作，需要企业深入挖掘员工基本信息、项目经验、自我评价等数据，通过精细化的分析，提炼出优秀人才的共性特征。e 成科技在这一领域有一定建树，其将人才画像划分为以下三个部分，全方位、多角度地展现员工综合素质。

（1）员工简历。员工简历详尽记录了员工的过往成就，涵盖了学校、学历、海外背景、工作经验等 12 项关键指标。这些信息不仅反映了员工的教育背景和职业轨迹，更为评估其综合素质提供了有力的数据支撑。

（2）在职档案。在职档案聚焦员工的工作表现，通过对绩效、考勤、项目表现等数据的综合分析，揭示员工在工作中的实际能力与态度。

（3）综合测评报告。综合测评报告从主动、严谨、成就动机等 25 个维度出发，综合评估员工的发展潜力。这份报告不仅关注员工的现有能力，更着眼于其未来的成长空间，为企业制定人才培养策略提供了参考。

借助人才画像，企业能够透过技能、教育背景等表面因素，深入剖析人才的本质。通过知识图谱、数据分析等先进工具，企业可以对人才质量进行评价，为筛选高潜人才提供可靠的决策依据。此外，企业还可以根据自身的人才标准，灵活调整各项指标的权重，确保人才画像的准确性和实用性。

以某企业为例，它可以根据自身需求调整过往成就、工作表现、发展潜力这三个一级指标的权重。该企业认为发展潜力至关重要，因此将发展潜力的权重提升至50%，过往成就和工作表现则各占25%的权重。这样的调整使得人才画像更加符合企业的实际需求，有助于企业更精准地识别和培养高潜人才。

2. 以人才画像为基础进行人才盘点

与传统的人才盘点方法相比，以人才画像为基础进行人才盘点具有以下优势。

（1）自动生成，省时省力。人才盘点九宫格的横轴是潜力，纵轴是绩效，高潜力、高绩效人才被定义为高潜人才。人才盘点主要有三个项目，分别是能力项、潜力项和绩效项。

能力项主要依据员工的个人信息进行评估，员工信息越全面，能力项就越准确；潜力项主要通过测评得出，测评项目越多，潜力项就越准确；绩效项便是员工的工作绩效。

人才盘点九宫格可以助力企业实现对员工的精准分层，进而快速识别出高潜人才。在AI技术助力下，数据计算和表格绘制工作得以大幅简化，人才盘点九宫格的绘制变得更为高效。

（2）实时动态，随盘随点。人才盘点耗时耗力，企业一般一年进行一次。人才盘点的过程烦琐、复杂，盘点结果往往跟不上业务变化的速度。

企业进行人才盘点的目的是迅速、准确地筛选人才。以人才画像为基础的人才盘点是一种实时、动态的盘点，盘点结果跟随画像变化而变化。也就是说，人才盘点能够记录人才的成长轨迹，员工的成长会转化为能力、潜力、绩效三个维度的数据。

（3）高效对比，提炼建议。企业进行人才盘点是希望借助科技手段将合适的人才放到合适的位置。但是传统九宫格仅能识别出高潜人才，不能对其进行合理安排。

企业应该在了解高潜人才基础上，进一步挖掘其深层次特征，总结出高潜人才的共同点，并对比其与普通员工的差异。通过深入探究提升员工整体素质的培训方法，企业能够更有针对性地培养高潜人才。

在挖掘高潜人才特点的过程中，企业需要依赖大量数据。借助 AI 技术，企业可以高效处理和分析这些数据。AI 能够生成绩效优异员工的画像，并通过对比和分析找出这些画像的共同特征，进而生成一幅统一的画像。企业可以将绩优者画像与新员工画像进行对比，识别出新员工的不足之处，并据此制订针对性培训计划，以提升新员工能力。

基于 AI 技术，人才画像的各个指标都能够实现可视化，为企业提供宏观和微观两个层面的视角。企业不仅能够了解整体的人才状况，掌控全局，还能够具体关注到某个部门或个体员工的人才情况。此外，AI 还能够根据人才盘点结果，为企业提供关于团队优势、劣势以及发展建议的深入分析，使人才盘点更具战略性和全局性。

6.1.2　高敬业人才画像：提升企业业绩

随着工作难度不断提升，员工敬业度变得越来越重要。敬业的员工工作积极性和效率更高，能够为企业作出更大贡献，是推动企业向前发展的中坚力量。

在企业中，员工的敬业度主要通过三种行为方式体现。

第一种是认同。高敬业度的员工乐于对外宣传企业，向同事、潜在同事、客户等赞扬自己所在的团队，对企业、团队表现出强烈的认同感。

第二种是发展。员工希望留在团队中，对自己的团队具有强烈的归属感，愿意与团队共同成长。

第三种是投入。员工愿意为了企业发展而全力付出，对工作有着极高的热情和专注度，不仅能够完成基本工作，还会主动承担更多责任。

员工的敬业度与业绩紧密相关，高敬业度的员工能够为企业创造更优异的业绩，推动企业持续发展。因此，敬业度不仅可以作为衡量员工工作表现的重要指标，还能作为预测企业未来业务发展的重要参考。

高敬业度的员工是企业持续发展的核心力量，对企业的影响较为深远。绘制高敬业人才画像，并对其进行重点培养，是企业业绩增长的关键。在绘制高敬业人才画像方面，AI技术发挥了至关重要的作用。AI能够从以下四个维度全面、精准地分析员工的敬业度，如图6-1所示。

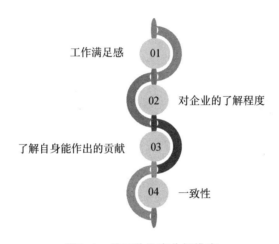

图6-1　员工敬业度分析维度

1. 工作满足感

AI可以分析员工能否在工作中获得满足感。一般来说，获得满足感的员工在追求个人目标过程中能够保持积极的心态，以饱满的精神状态完成工作。

2. 对企业的了解程度

高敬业度的员工通常会主动了解企业战略方向、目标以及文化价值观，从而更好地融入企业，为企业发展贡献力量。

3. 了解自身能作出的贡献

高敬业度的员工不仅会主动了解企业的整体战略，还能清晰地认识到自己的工作对企业发展的影响。他们深知自己在企业中的定位和价值，能够更好地发挥自己的潜力。

4. 一致性

高敬业度的员工会将个人价值与企业价值相融合，他们的工作方向与企业发展目标高度一致。

借助 AI 技术，企业可以从以上四个方面对员工敬业度进行评估，进而绘制出高敬业人才画像。通过重点培养高敬业度的员工，企业不仅能够提升整体业绩，还能够营造积极向上的工作氛围，吸引更多优秀人才加入，实现持续稳健发展。

例如，LTIMindtree 是一家为企业提供数字化解决方案的企业，能够利用 AI、大数据等数字技术帮助企业重构商业模式，实现业务增长。为了强化员工管理，LTIMindtree 与微软展开合作，推出一款以 AI 为基础的员工敬业度软件。

该软件是 LTIMindtree 创新 AI 产品和解决方案 Canvas.AI 套件的组成部分之一，能够有效提高企业效能。该软件具有许多功能，包括内容摘要、问答助手等。

员工敬业度软件的诞生标志着行业转型和交付创新的重大飞跃，LTIMindtree 与微软的合作体现了 LTIMindtree 不断突破能力极限，致力于释放员工价值。

在绘制高敬业人才画像后，企业可以重点培养高敬业度员工，提升其业绩。此外，对于普通员工，企业可以从以下方面出发，进一步培养其敬业精神，将其发展成高敬业度员工，如图 6-2 所示。

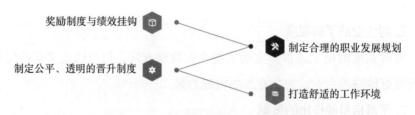

图6-2　企业强化员工敬业精神的手段

1. 奖励制度与绩效挂钩

员工的敬业度与薪酬有关。相关研究表明，薪酬的高低并非员工工作积极性的决定性因素，关键在于企业如何巧妙地运用薪酬或其他形式的奖励，让员工感受到自身价值被认可。

归属感是提升员工敬业度的关键要素，企业应重视心理层面的奖励，激发员工的主人翁意识、荣辱感、信念感，从而助力企业实现长远发展。

2. 制定合理的职业发展规划

企业应为员工量身定制合理的职业发展规划，增加 HR、主管等与员工交流的频次，深入了解员工的学习需求与发展愿望，确保职业发展规划与员工个人目标相契合，让员工感受到企业无微不至的关怀与支持。

3. 制定公平、透明的晋升制度

企业应当制定公平、透明的晋升制度，为员工提供一个平等的发展平台，使表现优异的员工能够获得更好的待遇与发展。如果员工的薪酬和职业发展机会与其付出的努力不成正比，那么必然导致员工对企业产生不满情绪。

4. 打造舒适的工作环境

研究表明，在舒适的工作环境中，员工的敬业度更高。因此，企业应为员工打造一个舒适的工作环境，确保员工能够全身心投入工作。

借助 AI，企业能够有效识别高敬业人才并对其进行重点培养，有助于充分激发其潜能，为企业的持续发展贡献力量。

6.1.3　高风险人才画像：重点关注离职问题

在当今竞争激烈的商业环境中，吸引和留住优秀人才是企业成功的关键。在这个战略性课题上，HR 的作用越发凸显。随着 AI 技术的发展，人力资源管理领域迎来深刻变革。巧妙运用 AI 技术，HR 能够精准把握人才流动趋势，利用高风险人才画像来深入剖析离职问题，从而确保企业健康发展。

HR 可以运用 AI 技术绘制出精细化的高风险人才画像。

通过收集和分析员工的绩效、行为特征、职业背景等信息，HR 可以绘制一个高风险人才画像，识别有离职风险的员工。针对识别出的高风险人才，

HR需要制定相应的风险管理策略，如提供更多的职业发展机会、改善工作环境、提高福利待遇等。

AI可以帮助HR分析员工离职原因，如薪资待遇低、工作环境差等。基于此，HR可以制定更有效的员工挽留策略。例如，针对薪资待遇问题，企业可以考虑调整薪酬结构或者提供更有竞争力的福利待遇；针对职业发展问题，企业可以为员工提供更多的培训和发展机会。

以某大型金融服务公司为例，面对技术开发部门员工流失率较高问题，该公司引入AI预测模型来精准分析员工的离职倾向。对于AI模型识别出的高离职风险员工，HR采取了个性化干预措施，如与其进行一对一沟通、为其提供职业发展咨询等，并定期评估干预效果。通过运用AI预测模型，该金融服务公司成功降低了员工的整体离职率，特别是关键部门的员工离职率，不仅提升了员工的忠诚度和满意度，还大幅节省了招聘与培训成本。

通过持续收集和分析员工数据，HR可以了解人才管理策略的实施效果，并根据实际情况进行调整和改进。这能够确保企业的人才管理策略与时俱进，满足员工和组织需求。运用AI技术，HR可以更好地了解员工的需求和价值观，从而构建更具吸引力的组织文化，提升员工的归属感和凝聚力，降低离职率。

此外，HR需要与其他部门保持紧密沟通与协作，共同关注和解决员工面临的问题。借助AI技术，各部门之间的信息沟通和协作效率得以大幅提升，从而更好地应对员工离职问题，保障组织健康发展。

6.2 离职管理：AI降低离职率

员工离职是企业运营中难以避免的事情，由员工离职带来的业务中断、人才流失等风险需要企业积极应对与解决。为了有效降低这些风险，企业需要高度重视离职管理，并提前做好充分准备。在离职管理方面，企业可以从离职预测、提高人才留存概率等方面着手，借助先进的AI技术，更加精准地预测员工离职的可能性，从而提前制定应对策略。

6.2.1　离职预测，识别高风险离职员工

人力资源管理是企业管理的核心之一，员工管理又是人力资源管理的重点，是 HR 日常工作的重中之重。科学高效的员工管理能够提高企业凝聚力和员工工作效率，有效降低员工离职风险。

为了留存员工，企业可以根据马斯洛需求层次理论关注并满足员工的合理需求。首先是生理需求，企业应为员工提供能够保障其基本生活的薪资、福利等；其次是安全需求，企业应为员工提供安全培训、劳动保护等，营造一个稳定舒适的工作环境；再次是社交需求，企业应组织团队活动、员工聚餐等，为员工与上下级沟通互动提供平台；然后是尊重需求，企业应尊重员工的个人尊严和权利，平等对待每一位员工，适时认可和赞赏员工；最后是自我实现的需求，企业应为员工提供培训和晋升机会，使员工有充足的成长空间，助力其实现自我价值。

随着社会的不断进步，员工需求的层次也在逐渐提升，他们更加注重自我成长与价值实现。虽然员工的个人成长主要依赖于自身努力，但一家能够为员工提供舒适工作环境、持续学习机会、公平开放文化氛围的企业，无疑更能促进员工快速成长。

如今，薪资已不再是员工选择企业的唯一考量因素，他们更关注企业是否具备开放的文化氛围、能否满足其个性化成长需求。因此，企业必须敏锐洞察并有效满足员工的这些需求，否则将面临大量员工离职、人才流失的风险。

管理学之父彼得·德鲁克曾经说过，企业只有一项真正的核心资源，那便是人才。一名核心人才的流失，可能会导致企业出现一系列问题。著名咨询公司德勤曾经就员工流失对企业的影响这一问题进行调研。结果显示：一名普通员工流失，将会给企业带来该员工年薪 150% 的损失；一名处于重要岗位的优秀员工流失，将会给企业带来该员工年薪 400% 的损失。这足以证明一个优秀员工对企业的影响。

然而在实际运营中，人力资源部门往往依赖直觉或者凭借以往经验处理

业务，决策很容易产生偏差，因此，事实和数据驱动决策变得越发重要。谷歌首席人才官曾经说过，谷歌的 HR 进行决策的依据来自对内部数据的分析，而不是来自某个最佳实践。

借助科技手段进行科学的离职预测，能够有效解决决策的模糊性，将企业的主观分析转化为量化的、客观的分析。这有助于企业对员工的离职风险与流失成本进行更为精准的判断，从而采取更加合理、更有针对性的措施来解决问题。

很多知名企业都应用 AI 技术进行员工离职预测，成功实现了人才的留存。科技企业IBM 的首席执行官曾表示，要想有效挽留员工，最好在员工做出离职决定之前采取行动。IBM 利用先进的 AI 技术开发了员工离职预测系统，对员工的离职倾向进行精准预测。一旦发现员工有离职倾向，就会迅速采取一系列挽留措施，包括加薪、奖金激励、给予福利等。该系统的预测准确率高达 95%，为 IBM 节约了近 3 亿美元的员工留存成本。

谷歌自主研发了人才保留算法，能够精准预测员工的离职倾向。这使得其 HR 能够提前制订个性化解决方案，在员工正式提出离职前及时挽留，从而显著提高人才的留存率。

腾讯也积极利用数据对员工的离职率进行深入分析。数据显示，工作满三年的毕业生的离职率远高于普通员工，这主要是因为这批员工往往面临着结婚、购房等巨大生活压力。为了解决这一问题，腾讯推出了"安居计划"，帮助这些员工解决购房难题，有效减少了优秀人才的流失。

印度 inFeedo 公司推出了一个通过分析员工情绪来预测其离职概率的系统。该系统会不定期推出调查问卷，根据问卷答案分析员工情绪。inFeedo 公司还推出聊天机器人，让其与员工聊天，并生成相应的报告。一旦发现员工情绪异常，聊天机器人会立即通知 HR 或相关主管进行干预。

许多员工并不愿意与领导交流，然而在 inFeedo 的帮助下，HR 与主管能够了解员工的情绪变化，及时干预，以留存员工。

为了帮助更多企业实现科学的人才规划与管理，数字化人力资源平台用友人力云面向广大企业推出了员工离职预测功能。该功能基于 AI 技术，能够帮助企业识别离职风险高的员工，在一定程度上有效避免了优秀人才流失。用友人力云的员工离职预测功能主要有以下几个特点。

1. 有理有据，对员工离职倾向进行科学预测

员工离职的原因多种多样，如工作压力大、职业发展规划不明确、薪资报酬低等。任何一个因素都有可能成为员工离职的导火索。用友人力云对员工进行全面了解，从员工的基本情况、工作态度、个人发展、薪酬水平、敬业度、考勤变化等维度出发，监测员工的离职风险，并将员工离职风险分为高、中、低三个等级。根据用友人力云给出的分析结果，HR可以做出更科学精准的人才管理决策。

HR如何才能更好地挽留离职风险高的人才呢？用友人力云支持HR自定义员工离职预测模型。对于重点岗位人才，HR可以调整影响员工离职的因素，如提高薪资待遇、减少加班时间、提升福利等，从而探寻挽留员工的最佳方案。

不同行业、不同发展阶段的企业对离职率的容忍度是不同的。例如，10%的离职率对于一家互联网企业来说是低风险，但对于一家传统企业来说可能就是中风险。对此，用友人力云为企业提供了灵活配置功能，企业可以根据自身情况自定义员工离职风险高、中、低等级对应的阈值。

2. 全盘洞察，总览组织内离职风险

HR不仅需要精准掌握个别员工的离职倾向，更需要从宏观层面把握整个组织的离职风险。为此，用友人力云为HR提供了环状图、九宫格等多种可视化工具，以便更清晰地展示员工的离职概率及其分布情况。这些图表能够直观地展现各离职风险等级的员工人数及占比，让HR一目了然地了解整个组织的离职风险状况。

此外，用友人力云还具备对离职影响因素进行深入分析的能力，能够展示影响力排名前15的因素。这有助于HR深入了解员工离职的关键原因，从而有针对性地制定改进措施，有效降低离职率。

3. 绘制高稳定员工画像，辅助招聘决策

新入职员工离职率高是许多企业面临的共性问题。这往往源于企业在招

聘阶段对员工画像的定位不够准确。那么，具备什么特质的员工更稳定呢？

以往，这需要HR凭借经验进行判断。现在，借助用友人力云，HR可以在员工离职预测场景中轻松获取高稳定员工的画像。画像涵盖了员工的工作年限、工作地点、工作技能等具体特征，为HR提供了宝贵的参考依据。通过将高稳定员工画像应用于招聘环节，HR能够更精准地筛选出稳定的候选人，使招聘决策更加科学合理。这不仅有助于降低新员工离职率，还能提升员工队伍的整体稳定性，为企业发展奠定坚实基础。

4. 持续训练，提升员工离职预测精准度

对于员工离职预测工具的准确性，许多HR心中存有疑问：这一工具真的能够精准地预测离职风险吗？如何进一步提升其预测精准度呢？针对这些疑虑，用友人力云推出了预测效果查看功能，让HR能够实时了解预测工具的表现。不仅如此，用友人力云还支持对预测功能进行持续训练，通过不断学习和优化算法模型，持续提升预测的精准度。

借助用友人力云，HR不仅可以查看当前员工的离职预测数据，还能够导入在职和离职员工的数据，从而扩大预测范围，使预测结果更加精确。

6.2.2 提高人才留存概率

企业之间的竞争实质上是人才的竞争。只有有效留存人才，发挥人才的作用，企业才能实现长远发展。AI技术在人才留存方面发挥着重要作用，HR可以借助AI对员工的日常表现与敬业度进行分析，从而推测出员工的流失概率。这样HR就能够及时锁定有离职倾向的人才，及时与其沟通，解决潜在问题，实现人才留存。

AI不仅能够帮助企业留住人才，还能为员工带来更好的工作体验。通过对员工的工作偏好、学习方式、职业规划的深入剖析，AI能够为每位员工量身定制个性化的培养计划与发展路径，使员工感觉自己受到重视，工作动力更足。

以Audo为例，这款基于AI技术的工具能够精准分析员工的个人技能、兴趣与能力，为员工提供职业发展方向建议。同时，它还能根据员工的绩效数据与技能组合，为其规划清晰的晋升路径。

此外，AI技术还能有效减轻员工的工作负担，缓解员工的职业倦怠。它能够实时监控员工的工作状态，为其制定合理的任务规划，优化工作内容安排。这使得员工的工作与生活得以平衡，避免因工作压力过大而产生离职。

一些AI系统具备及时赞美员工成就的功能，能够敏锐地发现员工的优秀表现，并对其表达认可与赞赏。这种正向激励不仅能够增强员工的自信心与归属感，还能显著提高员工留存率。

在人才留存方面，AI不仅是一种新兴技术，更是一种战略资产，能够解决企业HR精力不足的问题。AI在员工招聘、培养、留存等方面的应用，重塑了企业管理人才的方式，推动企业人力资源管理朝着数智化、高效化方向发展。

6.3　职业生涯规划与管理

职业生涯规划是员工发展的风向标，可为员工未来职业发展指明方向，从而有效激发员工的潜能，促进员工成长进步。职业生涯规划不仅涉及员工的自我规划，还包括企业为员工制订的职业生涯规划方案。员工本人是职业生涯规划的主体，企业则扮演着辅助者的角色，致力于为员工制定职业生涯规划提供支持。

6.3.1　制订职业生涯规划方案

AI技术的迅猛发展，为员工带来了前所未有的个性化职业生涯规划体验。借助AI的强大功能，HR能够深入开展员工调查，全方位分析员工的特质与潜力，从而为他们量身打造符合其个人发展要求的职业生涯规划方案。

以AIAJX这一AI助理为例，它不仅是员工的职场导师，还是HR为员工制订职业生涯规划方案的得力助手。AIAJX对职场规划、职业生涯指导有着深厚的理解，能够轻松解答员工在职业道路上的各种困惑。HR可以借助

AIAJX 的智能化分析，为员工绘制清晰、具体的职业生涯规划蓝图，助力他们迈向职业巅峰。

依托海量的职业生涯规划信息，并结合先进的算法，AIAJX 能够为员工量身定制个性化的职业生涯发展规划，涵盖行业趋势、岗位需求以及晋升路径等。这使得员工能够全面、客观地认识自己的职业前景，为未来发展奠定坚实基础。

AIAJX 制订的职业生涯规划方案以大数据和 AI 技术为基础，具有准确性和可靠性。它能够精准分析员工所在行业的发展趋势，评估该行业的发展潜力，为员工提供具有前瞻性的职业生涯规划建议。这使得员工能够从更多元、更全面的视角审视自己的职业发展道路。

HR 利用 AIAJX 为员工制定职业生涯规划，有效提高了规划的丰富度和准确度。AIAJX 能够根据员工的需求和技能提出具有针对性的职业发展建议，包括职业发展方向选择、培训学习计划、个人技能提升路径等。在 AIAJX 的指导下，员工能够更深入地了解自己，充分挖掘自身潜能，找到更适合自己的职业发展方向。

AIAJX 还能够为员工提供一定的职场技巧与资源，帮助员工应对工作中的挑战。无论是面试技巧、职场交往还是领导力培养，AIAJX 都能为员工提供有力的支持与指导，助力员工在职业道路上不断突破自我，为企业创造更多价值。

AI 技术为企业人力资源管理提供了强大的支持，企业为每位员工制订个性化的职业生涯规划方案成为可能。员工借助 AIAJX 等智能工具，能够更好地把握市场需求，获得精准的职业发展建议。未来，AI 技术将帮助更多员工找到自己的职业定位，充分发挥个人潜能。

6.3.2　精准推荐内部晋升机会

当中高层职位有空缺时，企业一般采用外部招聘和内部晋升两种方法来选择合适的人才填补空缺。

内部晋升是企业选拔人才的一种方式，是激励员工的有效手段，也是留住人才的重要方法。选拔优秀人才，为其提供内部晋升机会，是HR需要具备的工作技能。

内部晋升作为员工职业发展的重要路径，对提升员工的工作积极性、促进其个人成长具有重要作用。然而，如何选择合适的晋升对象，对HR来说是一个难题。在选择晋升对象时，HR需要注意以下几点，如图6-3所示。

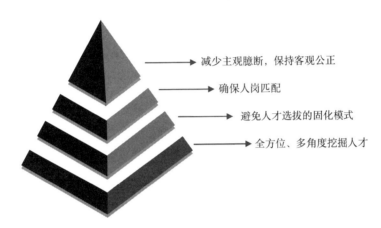

图6-3 选择晋升对象的要点

1. 减少主观臆断，保持客观公正

HR在选拔内部人才时，应避免受个人情感或偏见的影响，从整体和全局出发，全面、客观地评估每位员工的潜力与能力。

2. 确保人岗匹配

从企业内部选拔人才，HR应该注重人岗匹配，充分发挥员工的特长和优势，而不是过分追求完美，对员工过分挑剔。

3. 避免人才选拔的固化模式

HR不应拘泥于固定的人才选拔模式，而应秉持唯才是举的原则。只要员工能够在岗位上发挥积极作用，HR就应将其纳入考虑范围。

4. 全方位、多角度挖掘人才

HR应深入了解员工的个人信息、工作经历、过往成绩以及工作表现等多个方面，以便更全面地评估员工的综合素质和发展潜力。

选择内部晋升的人才是一件复杂又耗时的事情，HR需要十分谨慎，否则便会引起员工不满。为了提高选拔内部晋升人才的效率，企业可以借助 AI 技术建立员工晋升机制，以下是具体步骤。

1. 数据收集与整合

HR 需要从企业内部系统中获取员工的数据并进行整理，包括个人信息、工作经历、日常工作表现等。在收集数据时，HR 一定要保证数据的准确性与完整性。

2. 数据挖掘与分析

AI 技术能够通过对员工数据的分析总结出员工的工作习惯、技术水平和发展潜力等，全方位剖析员工的优势和潜力。

3. 制定晋升标准

HR 能够通过数据分析结果制定明确的晋升标准，从员工的个人技能、工作经验、历史绩效等方面进行考量，确保内部晋升公平公正。HR 在制定晋升标准时，应当考虑企业的战略目标与人才发展计划，确保三者方向一致。

4. 设计合理的自动晋升流程

在确定好晋升标准后，HR 可以利用 AI 技术设计合理的自动晋升流程。自动晋升流程主要包括四个环节，即自动筛选、推荐名单、评估与决策、通知与反馈。

自动筛选指的是 AI 系统根据晋升标准自动筛选符合标准的员工；推荐名单指的是 AI 系统从工作表现、未来潜力等方面对员工进行考量，从而生成一份推荐晋升名单；评估与决策指的是 HR 对名单进行审核，确保晋升的公平性；通知与反馈指的是在确定晋升人员后，AI 系统向员工发送信息，并持续收集员工反馈，以不断优化晋升机制。

5. 实施与监督

在实施晋升机制后，HR 需要对其效果进行持续监控，确保晋升的人才符合企业的战略目标与文化。HR 需要定期评估晋升机制的公平性、有效性，避免员工对晋升机制不满。随着市场环境的变化和企业的不断发展，晋升机制也需要及时调整。在这方面，AI 技术可以发挥作用，帮助企业优化晋升机制。

6. 培训与发展

晋升不仅是对员工过去工作表现的肯定，还是对其未来发展潜力的认可。因此，HR 需要为有潜力的员工提供培训和发展机会，帮助员工快速成长，以适应全新的职位。

AI 在员工培训与发展方面发挥着重要作用，能够根据员工的特点为其推荐有针对性的学习资源。

IBM 积极探索 AI 技术在员工晋升决策中的应用，打造了 AI 程序 Watson（沃森），为员工晋升加薪开辟了新的路径。在传统晋升流程中，员工需撰写工作报告、制作 PPT 并进行述职，而 IBM 的 Watson 能够自动总结员工过往业绩，并预测其未来发展潜力。被 Watson 判定为高发展潜力的员工，才能获得升职加薪的机会。

IBM 负责薪酬与福利管理的副总监表示，传统的晋升评估往往局限于员工的历史表现，然而随着工作复杂性的增加，过去的表现与未来潜力之间的关联性逐渐减弱。因此，企业更需要识别那些具备持续学习与进步能力的员工，以应对时代的挑战。IBM 坚信，Watson 正是挖掘这类员工的得力助手。

Watson 能够深入分析员工的个人资料、历史项目经验以及日常工作表现，并结合内部培训结果数据，全面评估员工的学习能力、适应能力以及发展潜力。借助 Watson 的精准分析，企业能够更准确地判断员工是否具备承担更高层次任务的能力。

Watson 的评估建议将直接影响员工的晋升。如果 Watson 给出的评估结果是某员工有强大的发展潜力，且得到领导的认可，那么该员工便有望晋升。据 IBM 人力资源部门统计，Watson 的评估准确率高达 96%，与 HR 的评估结果高度吻合。

实际上，将 AI 技术引入员工考核与晋升环节的企业远不止 IBM 一家。随着企业对员工发展潜力日益重视，越来越多的企业开始借助 AI 技术来评估员工的发展潜力。咨询企业 Willis Towers Watson 的一项调查显示，超过

40%的受访企业正在计划调整员工评估重点，将"发展潜力"指标纳入评估
体系。

在技术快速发展的时代背景下，企业对员工的要求日益提高。利用 AI
技术评估员工发展潜力，不仅有助于企业精准挖掘和培育人才，更保证了
晋升的公平性。然而，企业也需认识到，AI 技术虽然强大，但仅能作为辅
助 HR 工作的工具，不能完全替代 HR 的专业判断。HR 在运用 AI 技术时，
应保持独立思考，确保晋升机制既科学又人性化，真正符合企业和员工的
利益。

6.3.3 自定义继任者人才地图

继任者人才地图指的是企业为了应对关键员工突然离职导致企业运转困
难的情况，而提前确定的潜在继任者。企业能够根据一定的标准识别出关键
员工并对其进行培养，从而在关键员工离职时快速找到替代员工，降低关键
员工离职对企业造成的不良影响。

继任者人才地图能够帮助企业进行人才管理，从而确保企业平稳发展。
继任者人才地图对企业发展的意义如图 6-4 所示。

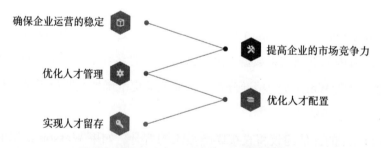

图6-4　继任者人才地图对企业发展的意义

1. 确保企业运营的稳定

关键员工离职会对企业正常运营造成影响，而借助继任者人才地图，企
业能够在员工离职时快速找到替代人选，确保正常运营。

2. 提高企业的市场竞争力

企业可以利用继任者人才地图储备人才，从而从容应对各类突发情况，

有效提升市场竞争力。通过加强员工培训，不断提升员工的专业技能，企业能够有效提升市场竞争力，为长远发展奠定坚实基础。

3. 优化人才管理

继任者人才地图为企业提供了全面、深入的人才资源管理视角。借助这一工具，企业可以详细了解员工的基本信息、技能特长和工作经验，从而更加精准地安排工作，充分发挥员工的潜能，实现工作效率的显著提升。同时，通过对员工的观察和评估，企业还能发掘更多具有潜力的可造之才，为长远发展储备人才。

4. 优化人才配置

在绘制继任者人才地图过程中，企业需要对每位员工进行深入了解和评估，包括他们的技能水平、工作经验以及发展潜力等。这有助于企业实现人才的合理配置，确保每个岗位都能匹配合适的人才。

5. 实现人才留存

绘制继任者人才地图是企业深入了解员工需求和职业规划的一个良好契机。企业为员工提供更加精准的培训和发展机会，满足他们的职业发展需求，能够提升员工的满意度、归属感和忠诚度，有效降低人才流失率。同时，通过建立良好的人才管理机制，企业能吸引更多优秀人才加入，为长远发展注入新的活力。

对于大多数企业来说，绘制继任者人才地图是一件十分重要的事情。关键人才的能力相对较强，与企业磨合得较好，一旦流失，企业很难通过外部招聘快速弥补职位空缺。因此，许多企业提前储备人才，为重要的职位培养合格的继任者。

为了全方位满足企业的人才管理需求，知名人才管理企业北森利用 AI 技术打造了人才继任管理系统"北森继任云"。这一系统能够从组织视角出发，绘制清晰的继任者人才地图，帮助企业全面审视其组织架构，并直观了解各部门重要职位的继任者培养状况。HR 可以利用北森继任云，根据团队需求精准地进行人才招聘和培养，确保招聘工作既有规划又具针对性。北森继任云主要有以下几个特点，如图 6-5 所示。

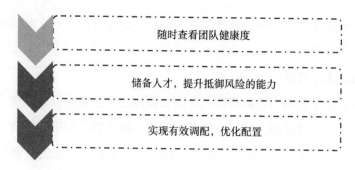

图6-5　北森继任云的三个特点

1. 随时查看团队健康度

北森继任云以组织架构为基础，为企业呈现各部门负责人以及人才储备情况。通过评估团队是否有合适的负责人和充足的储备人才，北森继任云能够精准评判团队健康度，并以相应的颜色进行标记。

2. 储备人才，提升抵御风险的能力

面对人事变动或人才晋升等情况，企业能够迅速利用北森继任云中的储备人才填补空缺。通过层层筛选，企业能够找到最合适的继任者，确保业务的连续性和稳定性。同时，借助北森继任云，企业能够构建完善的人才梯队管理制度，实现人才的持续供给，有效提升抵御风险的能力。

3. 实现有效调配，优化配置

借助北森继任云，企业能够对内部各部门和产品线进行深入分析，从而发现团队存在的问题并及时改进；对人力档案进行详细记录，随时查阅员工信息；从整体出发，考虑整个团队的配置，实现高效的人才调动；推动人才内部流动，实现人才持续发展；梳理内部组织架构，对于一些空缺岗位，尽早启动外部招聘工作。

赋能篇

AI 实现组织效能倍增

第7章 管理赋能：AI助力HR管理员工

人力资源部门是企业中的一个重要部门，承担着员工管理、团队协调等多重责任，面临不小的挑战。随着 AI 技术的飞速发展，人力资源部门迎来了前所未有的变革机遇。

借助 AI，人力资源部门能够极大地简化烦琐的管理工作，实现更高效、更精准的员工管理。AI 技术能够与企业管理制度深度融合，通过数据分析与预测，使管理决策更加科学合理。在考勤管理方面，AI 能够实现智能识别与记录，自动检测并提醒异常行为，确保考勤数据的准确性。此外，AI 还能进行舆情监控，实时分析员工动态，降低潜在管理风险，为企业稳定发展提供有力保障。

7.1　"AI+制度"：管理更科学

管理学之父彼得·德鲁克曾经说过，我们生活在一个意义深远的转型期，在这个时期发生的变革比以往变革更彻底。AI 时代带来的变革正是如此。HR 应该积极调整观念，将 AI 技术应用于日常工作中，在实现科学的员工管理的同时减轻自身负担，将目光聚焦于更有价值的工作。

7.1.1　设计员工手册，人人都要遵守

员工手册指的是记录企业内部组织架构、规章制度、员工职责、薪酬体系等内容的文档，能够使员工对企业有全面的了解，也便于企业对员工进行管理。

员工手册对企业发展有着重要意义，具体有以下几点，如图 7-1 所示。

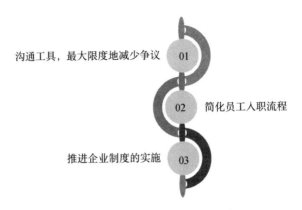

沟通工具，最大限度地减少争议　01

02　简化员工入职流程

推进企业制度的实施　03

图7-1　员工手册对企业发展的意义

1. 沟通工具，最大限度地减少争议

员工手册能够帮助员工与企业进行有效沟通，便于员工对职位进行深入了解。

员工手册能够对企业的政策、组织架构和员工福利进行全方位讲解，便于员工查询，自行寻找解决方案。员工手册是全体员工认可的书面交流工具，也是企业制度的体现，清楚地阐明了违反员工手册的后果，最大限度地减少了争议。

2. 简化员工入职流程

员工手册能够简化员工入职流程，优化员工入职体验。员工手册对一些基础性问题进行了详细叙述，如企业简介、组织架构、薪酬体系、假期政策、员工福利等，便于员工自行获取所需信息，快速了解企业各项规定，节省了HR、主管等解答员工疑惑的时间，能够提高整个组织的运转效率。

3. 推进企业制度的实施

员工手册详细说明了企业制度，如果员工违反相关制度，企业有权依据手册中的规定采取相应的惩罚措施。这为企业制度的顺利实施提供了有力保障，有助于维护企业正常运营。

编写员工手册耗时耗力，企业可以借助 AI 进行文本生成，高效完成员工手册编写工作。

例如，企业可以利用在线文档协作工具 Baklib 来打造在线员工手册。Baklib 采用知识库形式打造在线员工手册，员工有疑问时可以在线上员工手册中搜索答案。

传统纸质员工手册涵盖的内容很多，但查阅起来十分不便，员工很难快速找到需要的信息，而基于 Baklib 打造的线上员工手册能够很好地解决这个问题。线上员工手册功能丰富，具有简洁的界面、清晰的层次和强大的全文搜索能力，员工能够迅速定位所需内容，极大地提升了获取信息的效率。

7.1.2　设计日常办公管理制度，没人敢偷懒

在企业发展过程中，员工偷懒是一个普遍存在的问题，影响工作效率和团队合作。对此，企业可以设计日常办公管理制度，对员工加以约束。

设计日常办公管理制度的核心目标是营造高效、公平且积极向上的工作环境。AI技术的应用可以显著提升日常办公管理制度的科学性和有效性，从而减少员工偷懒的情况。

借助传感器和摄像头，AI 可以监测员工的出勤情况和工作状态。例如，员工监控软件"洞察眼"可以监控员工使用电脑的情况，并对员工的工作行为进行分析，从而评估员工的工作效率。

AI还能根据预设的绩效指标自动追踪并评估员工的工作成果。员工可以通过实时的绩效反馈了解自身工作表现，从而产生自我提升和积极进取的动力。以明途目标绩效管理系统为例，它通过分析企业战略规划和年度计划，构建全面的指标库，确保绩效考核维度与企业整体战略紧密契合，实现考核的动态化和高效化。

基于算法，AI 可以对员工的任务完成情况进行追踪，并自动提醒未完成或延期的任务，确保每个员工都能按时完成自己的任务。传统的任务追踪方式主要依赖于员工的日报、周报以及主管的定期检查，不仅效率低下而且容易出错，引入 AI 之后，任务追踪变得更高效、更准确。

例如，某大型科技公司引入 AI 帮助 HR 更高效地追踪员工任务完成情

况。通过 AI 的追踪和提醒功能，员工更加清晰地了解自己的任务完成进度；通过 AI 的预测功能，HR 能及时发现员工工作中存在的问题并帮助员工解决问题，这对提高公司整体运营效率和员工绩效有重要意义。

在工作安排方面，AI 能够根据员工的工作负荷、能力和个人偏好智能调整班次，确保工作安排的合理性和有效性。同时，AI 还能预测员工的疲劳程度和工作饱和度，防止员工过度劳累。例如，通过 i 人事一体化人力资源系统，企业能够准确获取班次信息，并灵活调整排班方案，从而有效避免因排班不当导致的员工工作热情下降的问题。

7.1.3　设计报销制度，财务更规范

"报销凭证不够全面，重新准备""报销内容需要更加具体，回去补充"……报销事务繁杂、问题频出，令很多财务人员头疼。

在传统报销制度下，员工填写报销单需要详细列出各项明细，而财务人员需要花费大量时间对发票进行审核并录入系统，无形中耗费了许多人力物力，企业面临报销周期长、审批流程复杂、票据审核难等问题。在 AI 时代，企业该如何解决这些问题，提高报销效率呢？

许多企业推出了智能报销软件，借助 AI 技术设计报销制度，使报销流程更加简单。例如，新一代智能工作平台百度如流以 AI 技术为基础推出了智能报销系统，利用 AI 解决报销难题。百度如流智能报销系统主要有以下两个优点。

（1）借助 AI 实现无纸化报销，报销自动审核。借助百度如流智能报销系统，员工可以随时记录支出。在收到发票后，员工可以通过扫描发票二维码或拍照的方式将其上传，百度如流智能报销系统能够通过 OCR 识别对企业主体、费用项目、金额等进行识别并自动填写。

此外，智能报销系统还拥有多票识别、语音填报等功能，能够减少员工填写票据信息的工作量，使报销更加简单。当需要提交报销申请时，员工只需在智能报销系统中勾选消费记录，就能快速生成报销单。

智能报销系统能够加快报销审核流程，一些无须提交纸质材料的费用可

以实现全流程免审批，从而实现报销金额快速到账。

（2）差旅出行能够实现全流程对公结算。智能报销系统不仅能够应用于日常的报销场景中，还能够应用于对公差旅场景中。百度如流智能报销系统覆盖范围广泛，从机票预订、接送机到差旅地用车，出差全流程都能够自动结算。员工通过百度如流智能报销系统安排差旅行程，无须自己垫付费用，可实现便捷的差旅出行。

百度如流智能报销系统以 AI 技术替代了大量人工操作，实现了财务自动化审核，极大地减轻了财务部门的负担。财务流程的线上化和无纸化操作不仅降低了工作成本，更提升了工作效率。

百度如流智能报销系统的出现，为员工、财务部门等多方带来了切实的便利，得到了广泛认可。未来，百度将继续发挥 AI 技术优势为企业赋能，推动企业持续发展与进步。

此外，数字化费控管理平台齐业成也将 AI 技术与报销制度进行了融合，为企业提供全天候的智能报销助手。

（1）在发票智能收集方面，智能报销助手能够智能识别，自动查验。

一方面，智能报销助手能够从短信、邮箱、微信等渠道收集发票，并存储到票夹中。对于纸质发票，员工能够利用 OCR 识别将其转化为电子单据。

另一方面，智能报销助手能够对票面信息进行智能解析，并查验发票真伪，对发票风险进行控制，分担了财务工作。智能报销助手还支持对各类票种的自动价税分离，便于税务人员开展后续工作。

（2）在语音报销方面，员工能够通过智能助手语音发起差旅预订申请，并了解自己的差旅报销标准、费用情况等信息，快速提交申请。员工在出差过程中收到的电子发票都会自动归纳到票夹中。

智能报销助手能够根据员工的事前申请自动生成报销单，对票夹中的发票进行识别，并录入报销明细。员工仅需对关键内容进行补充，便可完成报销申请提报。

智能报销助手通过智能化方式辅助员工进行发票信息的自动填写，并能够自动关联事前申请、费用等，减少员工填单量。

（3）在智能审批方面，智能报销助手拥有风险审核和费用控制规则，能够突出显示不合规的信息，减少人工工作量。

借助RPA财务机器人，智能报销助手能够对业务的真实性、票据的合规性、金额的准确性等进行自动审核，减轻工作人员的负担。自动审核速度很快，一秒钟便可以完成合规检查，一天能够审核上千张发票，轻松应对月末报销高峰。

此外，基于智能审核引擎技术，智能报销助手会将一些与要求不符的报销单自动推送给上级进行复核，避免出现失误。上级在进行报销审批时，智能报销助手会突出显示异常信息，并展示所有与报销单有关的信息，包括费用、部门、费用项目等，使审批人一目了然。

（4）在智能票审方面，智能报销助手能自动收票，减少退票。大量的报销单给财务人员带来很大压力，主要体现在审核、校验、核对、保存等方面。而智能报销助手能够减轻财务人员的压力。

智能报销助手能够实现扫码收单。扫码收单主要针对纸质发票，员工扫码，智能报销助手会自动将线下报销单和线上报销流程进行匹配，有利于加快报销速度。

（5）在付款方面，智能报销助手能够实现银企直联，对于款项进行实时追踪。齐业成与众多银行、支付平台等进行合作，可以在报销审批通过后实现一键批量付款。

（6）在智能核算账单方面，智能报销助手能够自动记录凭证，实现数据可追溯。智能报销助手还能利用数据生成对应的预制凭证，在工作人员确认后，便会录入核算系统中并生成记账凭证，实现凭证数据可溯源。

该助手还能自动归档存证，实现文件、档案的智能分类和快速定位。具体来说，该助手能够自动录入与报销有关的单据信息，并进行预归档，方便工作人员进行整理。在正式归档时，该助手能够根据预设规则设置档案的权限、保管时间等，并自动将档案分类，方便查找。

（7）在数据分析方面，该助手能够对数据进行自动统计，并生成相关报表。工作人员可以通过报表中心查看报销费用，随时了解产出与投入，对资金进行管理，并根据实际情况调整预算。

7.1.4 设计领导管理战略，成为管理大师

AI 在设计领导管理战略方面有着巨大潜力，它可以通过分析大量数据、模拟不同情境和提供决策支持来帮助管理者制定更科学、更有效的管理战略，从而提升组织运转效率。

AI 能够迅速收集和分析大量数据，帮助管理者深入了解组织运营情况、市场趋势和竞争对手情况。基于此，管理者可以做出更明智的决策，优化资源配置，提高组织运转效率。

AI 可以模拟不同情境下的组织表现，帮助管理者预测未来可能面临的挑战与机遇。这使管理者能够提前制定应对策略，减少不确定性带来的风险。

AI 可以持续追踪组织的运营数据，发现潜在问题并提出改进建议。通过不断学习和自我优化，AI 可以帮助管理者持续改进管理策略，提高组织的竞争力和适应能力。

谷歌是技术创新的领导者，其管理层认识到，AI 不仅可以改变产品和服务，还可以改变企业的运作方式。

谷歌利用 AI 进行数据驱动决策。谷歌收集了大量业务数据，包括员工绩效、客户满意度、市场趋势等，然后利用 AI 算法进行分析，为管理层提供深入的洞察。这些见解帮助管理层更好地理解业务运行的各个方面，从而做出更明智的决策。

此外，谷歌还利用 AI 进行人才管理。通过分析员工的工作表现、沟通模式和职业发展路径，AI 可以帮助 HR 识别高潜力员工，为他们提供个性化的培训和发展计划。这使得谷歌能够更有效地培养和留存人才，提高组织的整体竞争力。

谷歌的领导管理战略还包括利用 AI 进行流程优化。谷歌利用 AI 分析工作流程，识别瓶颈和低效环节，然后提出改进建议。这不仅提高了工作效

率，还降低了错误率，使谷歌能够获得更多经济效益。

7.2 智能考勤管理：迅速识别异常行为

迈入 AI 时代，企业各个方面都迎来了前所未有的变革。传统考勤方式已经不再适应企业发展，企业需要打造智能考勤管理系统，以迅速识别异常行为，推动企业管理现代化。考勤管理是企业日常运营的基础性工作，其智能化发展是企业实现降本增效的必然选择。

7.2.1 自动记录考勤情况

在人力资源管理中，考勤管理是 HR 的基本工作。许多企业依然沿用传统的人工统计考勤的方法，不仅效率低下，而且每月都需要 HR 投入大量精力整理与核对考勤数据。

面对这种情况，打造高效的智能考勤管理系统迫在眉睫。特别是那些排班情况复杂多变、员工数量众多且出勤时间不固定的企业，对智能考勤管理系统的需求更为迫切。智能考勤管理系统能够自动记录考勤情况，极大地减轻了 HR 的工作负担，提升了工作效率。

许多企业推出智能考勤管理系统。例如，易新速科技有限公司推出但眼考勤云智能考勤管理系统，实现了 AI 技术与行业的结合，利用经过训练的深度学习模型和丰富数据库为各行各业客户解决考勤管理问题。

但眼考勤云智能考勤管理系统功能丰富，具有出入人员管理、考勤管理、排班管理、离岗预警等功能。借助但眼考勤云智能考勤管理系统，HR 对员工的工作动向了如指掌。系统自动记录员工的打卡情况并上传，极大地简化了 HR 的工作流程，提高了工作效率。

然而，即使有了智能考勤管理系统，HR 在进行员工管理时仍然可能面临一些问题，如员工忘记打卡、迟到早退等。为了解决这些问题，AI 人脸识别摄像机应运而生。

AI 人脸识别摄像机借助先进的 AI 算法，能够准确识别员工的人脸信息，并与数据库中的员工信息进行匹配。当员工进入企业时，摄像机能够自动进行面部识别并准确记录时间。即使员工忘记打卡，HR也可以通过AI人脸识别摄像机确认考勤时间，有利于维护企业和员工双方的利益。

除了解决员工忘记打卡的问题，AI人脸识别摄像机还能够提高HR的管理效率。传统打卡管理系统十分容易因为人为因素出现错误，而AI人脸识别摄像机能够自动记录员工相关数据，减少了人为错误，提高了考勤的准确性。

AI人脸识别摄像机能够起到安全保护的作用。对于一些特殊工种的员工，AI人脸识别摄像机会自动检测员工是否佩戴安全帽，如果发现员工未佩戴安全帽，便会发出警报进行安全提醒。当有陌生人进入企业时，AI人脸识别摄像机会提醒并记录陌生人的相貌，防止安全事故的发生。

AI人脸识别摄像机的应用场景众多，包括写字楼、工厂、实验室等，甚至能够应用于电梯中。其能够对电梯人数进行识别，在超载时发出提醒，确保人员安全。

7.2.2　加班情况统计与分析

随着科技的不断进步，传统考勤管理方式已经很难满足现代企业的需求。特别是在加班情况统计分析上，传统的统计和分析方法往往效率低下并且很难保证数据的准确性。运用AI统计加班情况，不仅可以帮助企业更精准地掌握员工加班情况，提高工作效率，还能在一定程度上节约资源，减少不必要的加班成本。

AI统计加班情况的核心在于对大量考勤数据的收集、处理和分析。首先，AI收集员工的打卡记录、工作日志、项目进展等数据，运用算法对这些数据进行清洗、分类和排序，确保数据的准确性和有效性。其次，AI通过分析得出加班的趋势、规律以及潜在影响因素。最后，AI通过可视化方式将分析结果呈现给管理者或员工，帮助他们更直观地了解加班情况。

例如，某知名互联网公司引入智能考勤管理系统，通过AI统计并分析员工的加班情况。该系统不仅能够实时监测员工的加班时长和频率，还能预测其未来的加班趋势。这不仅能够帮助管理者及时调整工作安排，避免员工过度加班，还可以提供更加科学、合理的加班补偿方案。在该系统助力下，该公司的加班成本显著降低，员工的工作满意度和效率明显提升。

相较于传统加班统计方式，AI能够更准确地反映员工加班情况。AI能够实时监控员工的加班状态，帮助管理者及时发现问题并采取措施。通过对历史数据的分析，AI能够预测未来的加班趋势，为管理者做决策提供支持。此外，AI能够通过调查和反馈机制了解员工对加班情况的看法和建议，帮助管理者改善加班情况和管理方式。

某金融机构员工需要处理大量交易和数据，加班情况较为普遍。在引入智能考勤管理系统后，通过对加班原因的系统化分析，该机构成功调整了工作安排，优化了工作流程。通过比较不同部门的加班情况，该机构为加班频率较高的部门制定了针对性的改进措施。智能考勤管理系统还能识别出可能导致员工加班的因素，如系统故障、交易高峰等，提前预警。这不仅优化了企业的工作安排，减少了员工过度加班的现象，还能使员工保持健康的工作状态，提高了整体工作效率。

利用AI技术更全面地统计和分析加班情况，有助于企业管理者更深入地了解员工的工作状态和需求，制定更科学、更合理的管理策略。这不仅能够提高员工的工作效率和满意度，还能为企业创造更大的价值。

7.2.3 请假申请及审批

请假管理是企业日常管理的重要组成部分，与员工的工作积极性和企业效益息息相关。传统的请假流程一般是员工提交请假申请，由上级审批并交由HR登记，最终完成请假。这样的流程烦琐、信息不透明、审批时间长，耗费大量人力物力，还很容易出现疏漏。为了消除传统审批流程的弊端，很多企业利用AI技术打造请假系统，有效实现了请假流程优化。

AI请假系统主要包括申请、审批、登记、通知等模块，企业可以从这些方面入手，优化请假流程，使请假管理变得更加简单、高效和透明。

（1）在线申请。企业可以利用电子申请表来简化传统的请假申请流程，员工仅需在线上请假系统中填写请假的天数、原因和类别等信息，就可以提交申请。

（2）自动审批。AI请假系统可以根据企业的管理规则自动审批员工提交的请假申请，减轻上级和HR的负担。

（3）自动登记。AI请假系统在自动审批后还可以进行自动登记，将请假数据录入数据库。相关人员无须手动登记数据，降低了错误率。

（4）实时通知。AI请假系统可以实时播报审批进度并向相关人员发送通知，有利于相关人员及时了解审批情况，提高请假流程透明度。

（5）数据统计和分析。AI请假系统会自动保存请假数据，便于后期企业进行数据统计与分析。相关人员能够随时登录系统了解各个部门和员工的请假情况，以及时发现异常情况并采取措施。

除了能够优化员工请假流程外，AI请假系统还有以下好处。

（1）减少因规章制度不明确而产生的冲突。AI请假系统严格遵循统一的请假制度，使得制度的执行更加标准化和规范化。这不仅避免了因政策模糊导致的争议，还增强了企业内部管理的连贯性和一致性。

（2）提高流程透明度。AI请假系统能够实时反馈请假进度，提高了请假流程的透明度。

（3）节省时间和成本。AI请假系统能够实现从申请、审批到登记全流程自动化，节约了相关人员大量的时间和精力。

请假是员工的合法权益，请假管理是企业管理中的一个重要环节。企业应积极搭建高效、合理的AI请假系统，以提升请假审批效率，降低请假管理成本。

7.2.4　出差与外勤申请及审批

如今，很多企业利用AI来管理出差和外勤的申请与审批，以确保员工出差与外勤活动符合企业规定。美国通运公司的一项报告指出，将近70%的企业使用AI进行差旅管理。

AI系统可以与企业的其他管理系统集成，如财务系统、CRM（Customer

Relationship Management，客户关系管理）系统等，以实现数据共享、业务流程无缝对接。差旅管理涵盖了很多方面，旨在有效管理员工出差行程、费用报销以及出差安全和效率。以下是 AI 技术助力企业管理出差与外勤申请及审批的几个方面。

1. 自动化流程

企业可以通过 AI 自动化处理一些简单的出差和外勤审批工作，减少人工操作，降低出错概率。例如，当员工的申请符合企业规定且没有超过预算时，AI 可以自动批准其申请，大幅提高出差审批效率。

2. 数据分析

AI 可以对历史出差和外勤数据进行分析，根据员工需求和偏好，以及企业的预算和相关规定，自动规划和预订合适的交通工具和酒店。AI 还能生成各种报告，帮助管理者更全面地了解和分析差旅管理的各个方面。此外，AI 可以监控出差费用，确保所有开支都在预算范围内。

3. 识别发票

员工只需将出差或外勤期间产生的发票通过扫描或拍照方式上传至集成了 AI 技术的财务系统，系统便会自动识别发票上的关键信息。利用 OCR 技术，AI 能够准确提取发票号码、开票日期、金额等信息，并将其转化为可编辑和可搜索的文本格式，极大地简化了发票处理流程。

4. 个性化体验

AI 可以根据员工的喜好和习惯，为其提供个性化的出差建议。例如，根据员工的出差频率及目的地，AI 可以为其推荐合适的酒店或交通方式。

5. 风险评估

AI 可以评估员工在出差与外勤过程中可能遇到的风险，如目的地的安全状况、天气变化等，并提供相应的建议或警告。

例如，某科技公司的业务不断扩张，外勤和出差人员数量日益增多，传统的出差和外勤申请审批流程已经无法满足其高效的管理需求。员工在提交出差和外勤计划、获得审批等方面面临流程烦琐、效率低下等问题。

为了解决这些问题，该公司引入了能够实现出差与外勤申请自动化审批的 AI 系统。该系统能够自动解析员工提交的出差和外勤计划，并根据公司制度自动完成初步审批。该系统还能对出差和外勤申请进行风险评估，识别可能存在的费用超支、安全隐患等问题，并提出相关建议，不仅提高了出差审批的效率，还为员工提供了便捷的出差体验，使员工满意度大幅提升。

通过使用 AI 管理出差和外勤申请与审批，企业不仅可以提高审批效率、降低成本，还可以更好地了解员工的出行需求和习惯，从而为他们提供更好的支持。

7.3　舆情监控：降低管理风险

舆情监控在企业管理中发挥着重要的作用，能够帮助企业了解自身口碑、形象和员工想法。随着各类社交平台的兴起，企业面临的舆情环境越发复杂，需要借助 AI 技术进行舆情监控，以降低管理风险。

7.3.1　精准识别与分析舆情事件

对于企业而言，舆情监测十分重要。通过深入的数据分析，舆情监测不仅为企业决策提供了依据，还有助于优化企业战略布局。基于舆情监测，企业可以更好地维护自身形象，增强应对突发情况的能力，在出现重大事故时做出更明智的决策。

随着技术的不断发展，舆情监测朝着智能化方向发展。利用 AI 技术，企业能够精准识别舆情事件，从而有效预防潜在风险，实现健康平稳发展。

目前，许多企业已经将 AI 技术与舆情监测相结合，并推出了相关应用。例如，五节数据是一家定制化舆情商情大数据服务商，其打造了一个以 AI 技术为基础的舆情商情监测平台，能够对企业舆情商情进行监测，帮助企业规避风险。五节数据使用了以下 AI 技术打造舆情商情监测平台。

1. 自然语言处理技术

自然语言处理技术能够将人类语言转换为机器语言，方便 AI 系统对语句进行理解分析。自然语言处理技术应用在舆情监测中，能够对大量文本进行解读，包括情感分析、关键词提取等，从而快速识别并分析舆情。

2. 机器学习技术

机器学习技术在舆情监测中的应用主要有情感分析、话题分析、舆情预警等。在情感分析方面，机器学习技术可以通过对信息的分析识别其中的情感，实现舆情监测。在话题分析方面，机器学习技术能够理解语义，提取相关话题并进行总结。在舆情预警方面，机器学习技术可以基于对历史舆情数据的分析，自动识别可能引发舆情的风险，并进行预警。

3. 图像识别技术

图像识别技术即机器通过对大量图像数据的学习进行图像的识别和分类。图像识别技术能够应用于舆情监测中，识别图像中蕴含的内容和情感信息。例如，用户在社交平台发布的照片或视频中包含关键信息和情感信息，图像识别技术能够检测出这些信息，帮助企业判断其中是否存在舆情。

企业将 AI 技术应用于舆情监测主要有以下优势。

1. 有效提高舆情监测的精度和效率

基于机器学习、自然语言处理等技术，AI 能够对大量文本、数据进行分析处理，从而提高舆情监测的效率和精度。传统的舆情监测需要专人进行内容收集、整理和分析，而 AI 技术能够自动化收集、处理相关内容，降低了人力成本，提高了工作效率。

2. 快速对舆情进行定位和分析

企业进行舆情监测需要关注多个平台，耗费大量时间和精力对信息进行追踪和整理。AI技术可以实现对舆情的自动定位和分析，帮助企业快速掌握相关信息。

3. 为舆情分析提供数据支持和决策支持

AI 能够整理舆情信息并将其转化为数据，为企业进行舆情分析和决策提供支持。数据能够更直观地反映舆情，使企业更好地了解市场环境，做出更加合理的营销决策。

4. 有效实现舆情预警和风险控制

企业在发展过程中可能会面临许多舆情风险，包括虚假信息、负面评价、投诉等，对企业的形象和发展造成影响。企业可以利用AI技术对舆情风险和危机进行识别和预警，以及时采取相关措施，将舆情带来的负面影响降到最低。

虽然AI技术能够助力企业进行更高效、更精准的舆情监测和分析，但是AI技术应用于舆情监测也面临一些挑战。

1. 数据质量问题

AI的训练和学习离不开庞大的数据集。然而，在舆情监测领域，数据来源广泛且复杂，真实性和准确性存疑。因此，如何确保数据质量成了一个亟待解决的问题。

2. 语言和文化差异问题

地域差异导致语言习惯和文化背景各异，这给AI的学习和应用带来了很大挑战。企业在应用AI技术进行舆情监测时，应充分考虑到各个地区的语言和文化差异，针对性地进行模型训练和调整，以适应不同的舆情环境。

3. 隐私安全问题

在舆情监测过程中，AI可能会触及用户的个人隐私，如何保护用户隐私成了一个重要的议题。企业需要严格遵守相关法律法规，确保在收集和使用用户数据时，不侵犯其隐私权益。同时，企业还需要加强内部管理和技术防护，防止隐私泄露和滥用。

4. AI技术的可解释性问题

AI技术通常基于复杂的算法和模型运行，其运行方式和决策过程往往难以被员工理解。这可能导致员工对AI的决策结果产生疑虑，甚至影响其对AI的信任度。因此，企业需要加强对AI技术的解释和说明，让员工了解其运行原理和决策依据，从而增强对AI的信任和接受度。

内部环境和外部环境的不断变化使得舆情监测成为企业运营管理的一部分。在AI技术帮助下，企业能够更全面地了解内外部环境，把握市场风向，制定有效的应对策略。随着AI技术不断发展，舆情监测系统将更加智能，为企业的发展提供强有力的保障和支持。

7.3.2 员工健康管理

AI不仅能够用于监测员工的工作,还能够用于员工健康管理与危机处理。如今,工作、生活的节奏变得越来越快,员工的工作压力逐渐增大,员工的身心健康成为企业管理的重点之一。为了能够对员工进行健康管理,很多企业利用AI进行了创新实践,如图7-2所示。

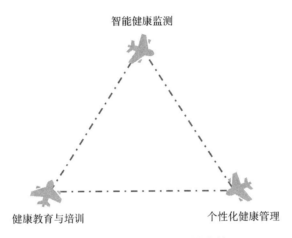

图7-2 利用AI对员工进行健康管理

1.智能健康监测

借助先进的AI算法和可穿戴设备,企业能够实时追踪员工的生理数据,包括心率、血压、睡眠质量等。通过深入的数据分析,AI技术能够精准地评估员工的健康状况,为企业提供科学的健康管理依据。例如,针对可能存在心脏病或高血压风险的员工,AI系统能够及时发出预警,帮助企业和员工采取相应的干预措施,有效预防疾病的发生与发展。

2.个性化健康管理

基于对员工健康数据的深入分析,AI能够根据员工的生活习惯、遗传史、职业特点等因素,为其制订个性化的健康管理方案。方案不仅包含日常饮食建议、运动计划、心理健康指导等内容,还涉及定期体检、疫苗接种等专项服务,旨在增强员工的健康意识,提升员工整体健康水平,同时降低企业的医疗费用支出。

3. 健康教育与培训

借助 AI 技术，企业能够以在线课程、智能问答等形式为员工提供多样化的健康教育资源。这些资源涵盖了疾病预防知识、急救技能、职场减压技巧等，旨在帮助员工树立正确的健康观念，掌握必要的自我保健技能。健康教育与培训能够提升员工的健康素养，促进员工的身心健康，为企业可持续发展提供有力保障。

在健康危机预警和应急处理方面，AI 也可以发挥作用，主要体现在以下几个方面。

1. 心理健康危机预警

AI 能够全方位监控员工的日常精神状态、行为举止以及社交活动，精准捕捉员工的心理异常信号。一旦发现员工情绪消极、焦虑不安，AI 将发出预警，并启动相应的干预措施。

2. 职业伤害与事故预防

在企业安全管理中，AI 发挥着不可或缺的作用。它能够对企业操作设备、工艺流程以及作业环境进行全面监测，从职业安全角度进行深入分析，对潜在的事故风险点进行精准预警，并制定切实有效的防范措施。此外，AI 还能监督员工遵守作息制度，防止因过度劳累而引发事故。在紧急情况下，AI 会自动启动应急预案，引导员工采取自救措施，最大限度地减少人员伤亡和财产损失。

3. 疾病传播防控

AI 能够应用于疾病传播防控。员工利用 AI 系统进行健康打卡，系统能够及时发现并阻断潜在的感染源，确保企业内部环境的安全。

在 AI 技术帮助下，企业将不断推进员工健康管理与危机预警方面的工作，为员工营造一个安全、健康的工作环境，使员工感受到企业的关怀，从而极大地激发员工的工作热情，促使他们持续为企业创造价值。

7.3.3 员工申诉处理

在企业运营过程中，难免出现员工对薪酬福利、政策规定、管理层决策等不满的情况，对此，员工可能会提起申诉。对于员工的申诉，企业需要及时处理，最大限度降低申诉给企业带来的负面影响。为了能够及时处理员工申诉，及时解决问题，提高员工的工作积极性和满意度，很多企业引进了AI技术。

某大型企业有上千名员工，HR处理员工申诉时面临很多挑战。一是申诉类型多种多样，包括薪资待遇、晋升问题、工作环境等；二是处理员工申诉的流程很复杂，HR需要与多个部门沟通；三是HR精力有限，难以应对大量的申诉。为了能够高效处理员工申诉，该企业引入AI技术，并采取了以下具体措施。

1. 建立员工申诉数据库

为了系统化管理员工的申诉信息，该企业收集和整理相关数据，建立了一个全面的员工申诉数据库。这一数据库不仅涵盖了员工的基本信息、申诉的具体内容，还能实现处理进度的实时更新。HR可以通过这一数据库全面了解申诉的详细情况，从而更有针对性、妥善地处理申诉。

2. 打造员工申诉处理系统

该企业利用AI技术打造了一个能够自动处理员工申诉的系统。该系统具备强大的自然语言处理能力，能够深入解析员工的申诉内容，精准提取关键词，并提供切实可行的解决方案。例如，某员工申诉薪酬福利不公平，该系统能够结合企业相关制度进行解答，为员工提供满意的答案。

3. 与人力资源管理系统相结合

为了实现数据的高效互通与共享，该企业通过API接口将人力资源管理系统与员工申诉处理系统相连。当有员工提起申诉时，申诉处理系统能够及时接收相关信息并进行处理，提高了申诉解决效率。

4. 对HR进行培训

为了确保申诉处理系统能够在企业内部顺利推行，该企业针对HR开展了一系列专项培训，内容涵盖AI技术的基础知识、申诉处理系统的运行原理以及实际操作技巧等。通过培训，HR不仅提升了对该系统的熟悉度，还掌握了更高效的工作方法，进一步提高了工作效率。

该企业打造的员工申诉处理系统具有以下优势，如图 7-3 所示。

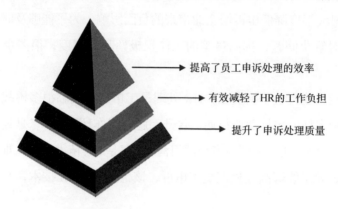

提高了员工申诉处理的效率

有效减轻了HR的工作负担

提升了申诉处理质量

图7-3　基于AI的员工申诉处理系统的优势

1. 提高了员工申诉处理的效率

借助 AI 技术的强大支持，员工申诉处理效率得到显著提升。过去，HR 需要耗费几天甚至几周时间来处理员工申诉，如今，在 AI 的协助下，员工的申诉可以在短时间内得到解决。这种高效的处理方式不仅大幅提升了工作效率，还极大地提升了员工的满意度。

2. 有效减轻了 HR 的工作负担

在员工申诉系统投入使用之前，HR 需要自己处理所有申诉事务，工作压力巨大。然而，随着员工申诉系统的诞生，AI 能够自动处理申诉事务，极大地减轻了 HR 的工作负担，使得 HR 有更多时间和精力去关注其他重要工作，发挥更大价值，为企业创造更多效益。

3. 提升了申诉处理质量

基于 AI 技术的申诉处理系统具备强大的学习能力，在运行过程中能够不断优化算法，提升处理问题的效率和准确率。同时，HR 在 AI 系统的辅助下，能够更加精准地把握问题的关键，提高员工申诉处理的质量和效果。

第8章 业务赋能：AI让HR更贴近业务

随着AI技术在人力资源管理领域的应用，HR能够更加贴近业务，帮助各个部门实现业务发展，推动企业前行。

8.1 懂业务才能与领导同频

HR在企业发展中发挥着重要作用，承担着选拔人才、协调沟通、平衡各方利益等责任。想要成为一名普通的HR很简单，但是想要成为一名优秀的HR绝非易事。优秀的HR需要懂业务，能够站在业务角度看待问题。借助AI技术，HR能够深入了解业务，与领导同频，共同推动企业发展。

8.1.1 精准识别市场机会

市场环境变幻莫测，充满了机遇与挑战，精准识别并抓住市场机会成为企业获得成功的关键。企业只有了解市场趋势，并制定具有针对性的策略，才能够在激烈的市场竞争中获得胜利。

市场机会指的是市场中可以利用的条件或潜在的发展前景，与用户需求的转变、技术的发展、竞争对手的变化等都有一定关联。

市场机会与用户需求转变有关。社会与技术的不断发展使得用户需求发生变化。例如，用户健康意识不断增强，对健康产品的需求不断上升。如果企业能够把握机会，就有可能率先推出相关产品，获得更多用户。

市场机会与科技发展有关。技术创新能够推动市场变革，改变商业模式。如果企业能够合理利用技术，就能够抢占更多市场份额。

此外，市场机会还可能源于竞争对手的变化。在对竞争对手的产品进行充分了解、分析后，企业能够发现其短板，并针对这些短板推出更有针对性的产品，吸引更多用户。

识别市场机会需要企业具有敏锐的观察力，并进行深入研究。为了能够精准识别市场机会，企业可以借助 AI 进行商业分析，具体步骤如图 8-1 所示。

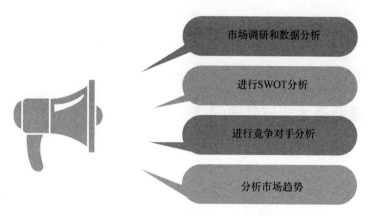

图8-1　利用AI进行商业分析的步骤

1. 市场调研和数据分析

AI 能够基于市场数据、用户消费行为、竞争对手信息等，对市场环境进行深入了解和分析，从而发现机会。

2. 进行 SWOT 分析

企业可以利用 AI 进行 SWOT(Strength，优势；Weakness，劣势；Opportunity，机会；Threat，威胁) 分析，从而准确评估自身，找准核心竞争力，识别外部环境中的机会与威胁，抓住市场机会进行自我提升。

3. 进行竞争对手分析

企业可以利用 AI 收集竞争对手信息，分析总结竞争对手在产品设计、定价策略、营销方式等方面的优势与劣势，从而发现竞争对手的弱点，制定具有针对性的策略。

4. 分析市场趋势

企业可以利用 AI 分析市场与行业的发展趋势，包括技术创新、行业变革、用户需求变化等，从而判断出哪些行业具有发展前景。

8.1.2 企业经营情况及发展方案分析

企业经营情况分析指的是对企业日常运营活动进行综合评估与分析。通过对财务、市场、产品等数据进行分析，企业可以了解自身经营状况，从而制订有效的发展方案，提高自身市场竞争力。

企业进行经营情况分析主要有以下好处。

（1）有利于了解自身财务情况。财务情况深刻影响企业的长远发展。通过对财务数据的分析，企业能够了解收入、支出、成本和净利润等关键信息，对自身盈利能力、偿债能力、负债经营率有所了解。企业能够通过财务数据发现自身经营问题，从而及时解决问题，实现稳定运营。

（2）有利于了解市场需求和竞争状况。在市场竞争日趋激烈的情况下，企业只有对市场需求、发展趋势等信息有所了解，才能够制订出符合市场发展趋势的方案，推出能够满足市场需求的产品。此外，企业对竞争对手进行分析，能够了解竞争对手的优势和劣势，从而推出针对性产品，抢占更多市场份额。

（3）有利于制定有效的经营策略。企业可以对内外部环境进行分析，结合自身情况制定合适的经营策略。此外，企业还可以对各类经营模式和经营方法进行分析，以选择合适的模式和方法，最大限度地利用自己的资源实现回报最大化。

（4）有利于降低经营风险，提高决策准确度。在经营过程中，企业可能会遇到许多风险，只有准确预估、识别风险，才能更好地规避风险。通过对经营情况进行分析，企业能够提高决策的准确性，实现长久发展。

经营情况分析作为企业经营中必不可少的环节，对企业发展起到了重要作用。企业可以借助 AI 进行经营情况分析，从而提升分析的准确性。

例如，帆软深耕于商业智能和数据分析领域，能够为企业提供商业智能解决方案。为了更好地帮助企业，帆软推出了智能 BI（Business Intelligence，商业智能）工具。其能够对企业数据进行分析，使企业充分了解自身经营状况。

帆软支持企业利用 AI 进行探索式数据分析。企业可以通过数据分析看板对数据进行挖掘与分析，从而找出异常数据，及时规避风险；也可以找出增长点，促进自身发展。

企业借助帆软智能 BI 工具，能够对数据表格进行灵活处理，包括筛选、切割、排序等，获得期望的数据结果。

帆软为许多企业提供数据分析服务，使企业更加了解自身。深圳市艾比森光电股份有限公司（以下简称"艾比森"）是一家 LED 显示应用与服务提供商，其在经营过程中面临两大问题。

一是统计分析效率低下。艾比森的业务部在召开经营分析会议之前，需要对经营数据进行统计，包括各个市场的签单、各类收入、费用等，工作量巨大。

二是数据无法实时反馈，无法保证准确度。数据收集和处理需要花费大量时间，导致数据的时效性不强。如果在统计时恰好漏过大额签单，可能导致数据分析结果不准确。而且人为处理可能存在错误，不利于企业做出正确决策。

在这种情况下，艾比森与帆软合作，将帆软系统应用于核算利润表的场景中。利润表是企业业务核算的重要依据，既是上一阶段的总结，又是下一阶段的开端。企业在核算利润表时，需要导出各项数据并进行加工核算。由于利润表的数据十分复杂，出错率相对高，财务人员往往需要复核多遍，效率低下。

帆软将利润表的逻辑运用在系统中，财务人员仅需上传基础数据，便可得出计算结果，节约了许多人力。

对于数据无法及时反馈的问题，帆软能够利用报表平台实现签单数据实时抓取和展现，减少了人为整理产生的延误。端对端的方法能够有效保证数据的实时性，而且数据来源真实可靠，降低了数据造假的可能性。

利用帆软系统，经营者能够随时查看企业经营状况。在未使用该系统之前，经营者只能通过电脑查看各个业务区的信息，十分不便。而在使用帆软系统后，经营者能够通过移动端和电脑端随时随地查看企业经营情况，了解企业经营动态，掌握企业整体情况。

8.2　HR助力各部门业务发展

HR 并不是孤立存在的，而应与各部门合作，深入了解各部门业务，以为各部门服务为前提开展工作，共同实现企业发展目标。

8.2.1　营销部门：设计宣传推广方案

对于企业来说，宣传推广十分重要。"酒香不怕巷子深"的时代已经一去不复返，只有进行宣传推广，产品才能被用户了解和信任，从而产生消费行为。对于企业而言，进行宣传推广的好处如图 8-2 所示。

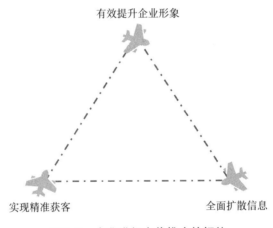

有效提升企业形象

实现精准获客　　　　　　　　　　全面扩散信息

图8-2　企业进行宣传推广的好处

1. 有效提升企业形象

大多数用户都是通过企业宣传才对企业有所了解，因此，企业可以通过宣传打造良好的品牌形象，提升知名度，吸引更多用户，促成交易。

2. 全面扩散信息

企业可以利用线上线下平台，包括商场大屏、微信、微博、小红书、小程序等进行宣传，实现宣传推广的大范围覆盖和高曝光度，进一步提升自身知名度。

3. 实现精准获客

对于企业来说，以内容为导向进行宣传推广，能够实现用户需求与产品匹配，从而精准获客。

有效的宣传推广能够为企业带来一系列好处，营销部门可以利用 AI 轻松制订一份完善的营销推广方案。在借助 AI 进行营销推广方面，许多企业已经进行了实践。例如，希腊巧克力品牌 Lacta 利用 ChatGPT 打造了智能情书宣传推广方案。

Lacta 设计了一款搭载 ChatGPT、名为"智能情书"（AI Love You）的小程序。用户在小程序中输入关键词和表白对象，ChatGPT 便可以自动生成一份情书。在书写完成后，这份情书会生成一个链接，用户可以将这个链接转发给想要表白的人。被表白的用户按照链接提示扫描任意一款 Lacta 巧克力，便能够阅读这封情书。

在这个信息碎片化的时代，许多用户都无法用文字准确地表达情感，而智能情书小程序将先进的科学技术与人类情感相结合，利用 ChatGPT 传递情感，帮助用户以情书示爱，受到了用户的欢迎。

Lacta 在打造智能情书小程序之前做过调查，结果显示超过 1/3 的用户希望其推出智能情书小程序。因为不是所有用户都有良好的文笔，ChatGPT 输出的文字可能比部分用户好得多。智能情书小程序上线后，一天内就生成了超过 4 万封情书。

网易利用 AI 创作了歌曲《如期》。在网易严选成立七周年之际，其与网易云音乐展开合作，共同推出了歌曲《如期》。《如期》由 AI 作词、作曲、编曲、演唱，讲述了网易严选与用户在七年间发生的点点滴滴。

《如期》是网易严选成立七周年主题曲，其创作灵感来源于用户评论。歌词中既包含网易严选的优质产品，又讲述了这些产品与用户之间发生的故事，引起了许多用户的共鸣。

同样是利用 AI 进行宣传推广，支付宝则利用 AI 创作了一支广告——《中国支付往事》。《中国支付往事》主要讲述了支付从过去到现在的变迁，并展望了未来的支付模式。《中国支付往事》的视觉呈现全部由 AI 完成，展现了 AI 强大的能力。

这些案例可以为营销部门提供灵感，帮助营销部门打开全新的想象空间，尽情利用 AI 进行营销内容创作。

8.2.2　市场部门：精准预测用户需求与偏好

在快速变化的市场环境中，企业只有精准预测用户需求与偏好，才能获得用户的喜爱。AI 的发展为市场部门预测用户需求提供了便利。市场部门可以利用 AI 精准分析用户需求与偏好，制定合理的产品策略，提高产品的市场占有率。

例如，百度营销利用 AI 技术推出了"商家智能体"，能够实现用户与商家的高效沟通。商家智能体是一个更贴近用户，拥有智商与情商的 AI 客服。用户可以在任意时间向商家智能体提问，以获得专业解答。商家能够通过商家智能体为用户提供合适的解决方案，给用户提供线上线下一致的消费体验。此外，商家还能够通过商家智能体了解用户反馈，从而不断优化自身产品和服务。

以家装行业为例，家装是一场"持久战"，从选择家装公司到装修完成，其间存在着许多问题，包括选材、安装、价格等。不同用户群体的购物行为也有所不同，"70 后"用户更追求性价比，习惯货比三家、亲力亲为；"90 后"用户更倾向于通过网络购买所需材料。线上搜索成为"90后"用户获取信息的主要渠道，他们只需要躺在家中便能够购物，十分便利。

随着互联网技术的飞速发展，家装市场日益透明化、规范化。面对这一变革，如何适应互联网时代的家装市场，深入理解用户需求并成功吸引他们，成为各家装企业市场部门亟待解决的难题。

在这样的背景下，商家智能体应运而生。从用户搜索家装相关内容的那一刻起，商家智能体便启动，为用户提供个性化服务。它如同一位专业的家装顾问，以数字员工身份随时准备解答用户疑问。通过精准识别用户输入的关键词，商家智能体不仅能提供相关的产品和服务，还能通过深入的对话引导用户明确自己的需求，进而将真正有需求的用户纳入企业线索池中。

此外，商家智能体还能助力企业拓展业务。以国内健康油漆领军品牌"三棵树"为例，通过与商家智能体合作，其成功打造了专属数字员工。当用户搜索油漆相关内容时，商家智能体便迅速介入，利用 AI 技术进行全流程的意图识别与引导。商家智能体不仅能够了解用户需求，提供相关产品，还能在对话中巧妙融入墙面刷漆的优势，向用户普及相关知识，激发他们的购买欲望。

当用户表达出进一步的咨询意愿时，商家智能体能敏锐地捕捉到潜在商机。它会为用户提供更为详尽的解答，普及行业知识，并根据用户实际情况提出针对性解决方案。商家智能体还会主动询问用户联系方式，并进行信息确认，从而绘制完整的用户画像，为后续订单成交奠定坚实基础。

家居行业的工序链条相对较长，包括前期调研、设计、采购、施工等。完成这一套工序，需要耗费大量人力物力，而且很多环节都有潜在风险。同时，复杂的工序加大了产业链运行难度，加深了用户与市场之间信息不对等的程度。

在这种情况下，即便用户对家居的满意度再高，如果商家未能提供理想的规划效果，用户还是会犹豫不决，难以下定决心下单。特别是像索菲亚这样的全屋定制品牌，由于场地面积限制、建模成本高昂等因素，无法全面展示家居产品，用户仅能通过平面设计图和样板间进行初步了解，这显然不利于订单的促成。那么，面对这一挑战，企业应如何应对？

企业需要找到问题的根源，打造令用户信赖的家居规划方案。对此，企业可以利用商家智能体了解用户需求和偏好，为用户提供个性化的家装规划方案。商家智能体既能够与用户沟通交流，全方位满足用户需求，又能通过多轮对话识别用户意图，有针对性地与用户聊天。此外，商家智能体还能够为企业提供虚拟人服务。虚拟人拥有深厚的行业知识和出色的沟通技巧，能够结合行业特性及应用场景为用户提供专属的优质服务。

作为家居定制行业的佼佼者，索菲亚已拥有完善的产品研发和供应体系。在日常运营中，索菲亚品牌总部负责广告投放和线索收集，再将这些线索分发给各门店。然而，这种方法导致线索转化率偏低，成本难以降低。因此，索菲亚希望通过新方法来提升用户转化的精准度。

为了满足用户线上定制家居的需求，索菲亚与商家智能体合作，推出了"虚拟人家居空间规划师"。虚拟人可以为用户提供专业服务，满足用户需求。虚拟人形象亲切、声音温柔，同时拥有丰富的专业知识，能够即时解答用户疑问，给用户分享优惠活动，并引导用户留下联系方式，从而进一步提升用户成交的可能性。

在对家装产品有了初步了解后，用户的消费意愿会增强。然而，家居的售后问题可能导致用户犹豫不决，难以下定决心下单。那么，对于企业而言，如何突破用户心理防线，赢得用户信任，促使他们下定决心下单呢？

为此，商业智能体不断进行深入研究，努力提升企业的信息补充收集能力，深入挖掘用户需求，从而更有效地促进用户转化。此外，商家智能体还能扩大品牌的线索搜索范围，通过增加线索数量进一步提高转化率。

以一站式家装品牌爱空间为例，其主打"装修省心"理念，致力于为用户提供优质的装修和入住体验。为了进一步提升用户体验，爱空间与商家智能体展开合作，在"爱粉节"活动期间进行了全面升级。爱空间对活动展示界面进行了改造，使其与品牌调性相契合。改造后，用户能够享受到更贴心周到的服务，从而更愿意表达真实诉求，企业可以获取更多有价值的线索。

在使用商家智能体后，爱空间的产品咨询率明显上升，线下成交单主要来源于与商家智能体沟通的用户。这表明，通过商家智能体的线上接待与线下流程的跟进，企业单量有效提升。

随着消费市场逐渐回暖和年轻消费群体的崛起，家居市场迎来全新的变革。然而，家居行业品牌分散、用户触达误差大等问题制约着其进一步发展。商家智能体能够实现从线索获取到用户转化的全链路科学经营，帮助家居行业不同品牌解决各类经营问题，推动品牌实现快速发展。

AI技术不断发展，为企业各个部门的工作提供有力支持。对于市场部门而言，AI工具已经成为其日常工作中不可或缺的一部分，不仅有助于提高生产力，还能更好地满足用户需求，推动企业不断进步。

8.2.3　销售部门：编辑销售话术

对于销售人员而言，销售话术是其提升销售业绩的关键。优质的销售话术有助于销售人员更好地表达自身想法，引导对话的开展并赢得客户信任，从而提升销售业绩。销售部门可以使用AI编辑销售话术，实现优质话术的批量生产，从而减轻销售人员的工作负担，提高对话质量。

随着网络的普及，线上成为销售人员销售收入的重要来源。然而，与电脑相比，手机端在调用话术方面存在一定的局限性，不够便捷、灵活。针对这一问题，百度输入法进行了升级，推出了基于AI技术的"口袋资料库"功能。这一功能能够自动编辑销售话术，让销售人员与用户更加流畅地沟通。

口袋资料库内容丰富，能够为销售人员提供多种话术参考，包括销售话术、企业通知话术、朋友圈模板等。口袋资料库适用于多种场景，销售人员在与用户交流过程中能够自如地应用优质话术，提高交流的成功率。

口袋资料库操作简单，可以轻松上手，无须长时间培训，因此深受销售人员喜爱。此外，口袋资料库的功能十分全面，涵盖了销售工作的各个环节，能够有效提升销售人员与客户的交流效率，从而提高成交概率。

对于销售人员来说，口袋资料库不仅学习成本低，而且适配性强，可以应用于多种App，支持多种应用场景。口袋资料库不仅能够输出多种话术，还支持销售人员一键发送朋友圈，极大地提高了工作效率。

口袋资料库的优质模板为销售人员提供了丰富多样的话术选择，解决了话术呆板单一问题。销售人员无须再为话术缺乏创新而烦恼，只需轻松调用模板，即可应对各种销售场景。

除了生成销售话术，口袋资料库还具备销售培训功能。百度输入法携手众多知名销售导师，共同打造了一系列优质的销售对话模板和文案模板。在口袋资料库助力下，企业成功解决了缺乏优质成熟话术的难题，销售人员的专业素养得到了显著提升。

利用口袋资料库，企业可以对员工进行高效培训，缩短培训时间；摆脱传统的老带新模式，降低了人工成本。同时，优质模板的引入使得销售流程更加规范，销售策略更加明确，新员工的培养也变得更加系统化。

百度输入法的口袋资料库不仅为销售人员提供了极大的便利，也为客服人员解决了多平台话术维护的难题。客服人员只需在百度输入法中输入话术，即可在多个平台使用，极大地减轻了工作负担。

对于销售部门而言，口袋资料库是一个得力助手。它支持一键向所有销售人员发送话术和朋友圈模板，确保销售人员接收到相同的信息，实现信息同步。

在私域销售场景中，口袋资料库的作用尤为突出。它能够有效解决代理人培训的弊端，通过中央厨房式的运营方式向代理人发送统一的销售话术和成交流程，降低了学习成本，提高了销售技巧，进而推动了业绩增长。

此外，百度输入法还运用先进的 AI 技术推出 AI 纸上造字功能。用户只需在纸上书写 30 个字，然后通过百度输入法拍照上传，百度便会利用 AI 技术精准识别并生成专属字体，充分展现用户的个性。

随着技术的不断进步，企业的需求也在不断变化。百度紧跟时代潮流，利用 AI 技术打造了一系列实用的运营工具，满足了企业的多样化需求，使销售人员受益匪浅。这些创新功能不仅提升了工作效率，也为企业带来了更多商业机会和发展空间。

8.2.4 公关部门：设计公关方案

公关人员的一项重要工作是设计公关方案。然而，从构思到完成，一个方案往往需要经过 10 ~ 20 次的反复修改与打磨，耗时且烦琐。完成一个公关方案需要经历收集资料、筛选资料、市场调研等流程，而且一旦甲方需求发生变化，公关方案的完成周期就会相应地延长。

为减轻公关部门负担，提升工作效率，众多AI产品应运而生。例如，社会化网络媒体营销服务提供商五彩传媒以大数据和算法为基础，推出了AI产品"五彩大脑"，能够帮助公关人员减轻工作负担。

五彩大脑主要运用了网页数据抓取、数据结构化、机器学习等技术，将海量策划方案汇总于一个平台。用户通过选择、填空等方式回答问题，五彩大脑便可生成相应的公关方案草稿。虽然草稿还需要公关人员进行修改和完善，但也极大地减少了前期的人力和时间成本。

打造一个全面、高效的公关方案策划平台离不开大量优质的策划方案数据。那么，这些数据究竟从何而来呢？五彩传媒CEO透露，他们利用先进的分布式爬取技术，从互联网上广泛收集各类公关方案数据。

五彩大脑所拥有的公关方案数据涵盖快消、科技、美食等多个行业，可为公关人员提供丰富的灵感来源。虽然抓取数据比较容易，但网上的公关方案质量参差不齐。为了确保数据质量，五彩大脑团队采用了严格的筛选标准。他们主要关注知名品牌以及具有较大影响力的经典公关方案，通过精心筛选确保上架的公关方案都是优质的。

五彩大脑能够为公关人员提供近几年的行业分析数据，从市场、用户、竞品三个维度助力公关人员全面了解行业。针对不同行业，五彩大脑可从目标人群、行业痛点、产品卖点等方面出发，提供具体的公关策略。五彩大脑与许多行业自媒体合作，作为中介连接公关人员与自媒体。

借助大量的公关数据，公关人员能够在五彩大脑中一键生成公关方案，整个过程十分迅速。具体而言，公关人员可以创建一个与行业相关的项目，然后选择公关方案的具体内容维度，包括推广媒体、产品特点、策略等，最终生成一个方案并以PPT形式导出。

由于公关方案数据来源于过往的经典案例，因此五彩大脑生成的方案实则是一个框架，公关人员需要根据具体情况进行内容填充，最终生成个性化的公关方案。但是这种方式对数据的数量有一定要求。如果数据量不够庞大，加上方案过于模板化，那么可能会存在生成方案同质化的问题。

公关方案的生成分为策划和交付两个阶段。在策划阶段，细节不重要，企业需要关注风格和创意点，最终交付的方案需要经过多次人工修改。因此，除了风格和主题相似，新方案并不存在同质化严重的问题。

五彩大脑能够持续运转的关键在于数据量。在数据量不足、行业细分复杂的情况下，五彩大脑输出的公关方案偶尔会在匹配度上存在偏差，这就需要其拓展更多的用户。在技术层面，五彩大脑团队需要解决许多视频和图片数据非结构化的问题。在商业化问题上，五彩大脑在获得用户认可后，将会按照项目收费。

除了五彩大脑外，还有一些 AI 产品可以为公关部门撰写公关文案提供助力。例如，汽车企业可以利用智能写作工具"小新 AI 写作"打造优质的公关文案，具体有以下几个步骤。

1. 明确目标受众与品牌定位

汽车企业利用小新 AI 写作撰写汽车公关文案，需要先深入剖析目标用户群体的需求与偏好。例如，年轻用户可能更关注车辆的安全性与舒适性，商务人士更看重车辆的性能和性价比。此外，明确品牌定位也十分重要，一个好的品牌定位能够突出品牌的核心价值。

2. 设定公关目标与 KPI

AI 能够根据目标受众与品牌定位制定具体的公关目标。例如，提高品牌的口碑、提高品牌形象等。同时，KPI（Key Performance Indicator，关键绩效指标）的制定也非常重要，其能够衡量公关方案的成效，包括关注度、参与度等。

3. 选择合适的媒体与渠道

AI 可以根据汽车企业的品牌定位，精准挑选合适的媒体与渠道，如线上平台、线下平台、自媒体、新闻媒体等。公关人员与各类媒体建立良好的关系，能够为以后的合作打下良好基础。

4. 制订公关策略与创意方案

在确定好公关目标与 KPI 的基础上，AI 可以制订有针对性的公关方案，内容包括传播方法、危机应对计划等。例如，为了吸引更多爱车的年轻用户，企业可以举办改装车大赛；为了从容面对危机，企业需要制订完善的危机应对方案，以维护良好的品牌形象。

5. 执行与检测评估

制订公关方案后，AI 需要实时收集和分析各个数据指标，使公关人员随时了解活动效果并及时调整。

一份优秀的公关方案往往需要经过多次打磨与调整。在 AI 助力下，公关人员工作负担得以减轻，他们可将更多精力投入到创意构思中，从而提升公关方案的质量。

8.2.5 客服部门：节日祝福模板与发送提醒

逢年过节为用户送上祝福，是客服人员的重要工作内容。为了提高节日祝福的质量和发送效率，一些企业的客服部门利用 AI 生成节日祝福模板。目前，市面上的节日祝福生成软件很多，以下面几个为例进行详细讲述。

1. Fun AI

Fun AI 是一款 AI 应用，以 AI 识别技术为基础，拥有实时录音撰写、语言翻译、文字识别等功能。Fun AI 能够与用户智能聊天，回答用户问题，还拥有专门的节日祝福板块，可以快速生成节日祝福文案，帮助客服人员减轻工作负担。

2. 迅捷 PDF 转换器

迅捷 PDF 转换器是一个功能丰富的文件格式转换软件，不仅支持将 PDF 文件转换为 Word、PPT、TXT 等多种格式，还能够进行 AI 写作。用户在页面输入写祝福语的要求，其便可以生成一段祝福语，十分方便快捷。

3. 文心一言

文心一言是百度研发的以 AI 为基础的大语言模型，能够与用户互动、回答用户问题、进行文本创作等。客服人员可以使用文心一言书写祝福语，提高工作效率。

4. Alexa

Alexa 是亚马逊推出的 AI 语音助手，拥有自动生成祝福语的功能。用户可以根据自身需要定制祝福语，无论是生日、节日还是其他特殊场合，Alexa 都能够生成自然、流畅的祝福语。

5. QuillBot

QuillBot 是一款 AI 驱动的写作工具，用户只需要输入一些基本信息，如祝福对象的名字、日期等，选择一个模板，QuillBot 便可生成个性化的祝福语。用户可以对生成的祝福语进行修改，使祝福语更能满足自身的需求。

市场上有许多能够生成祝福语的 AI 软件，客服人员可以根据自身的需求选择合适的软件提高工作效率。此外，客服人员还可以利用 AI 设置发送提醒，避免忘记向用户发送祝福。

8.3 业务进度分析与追踪

在企业日常运营中，业务进度分析与追踪是确保项目按时、高质量完成的关键环节。在 AI 时代，HR 除了要关注传统的招聘、绩效、培训等事务外，更应积极拥抱 AI 技术，通过科学的方法进行业务目标设计与建立、员工行为表现分析、业务目标完成度预测，并进行业务问题与笔记管理。

8.3.1 业务目标设计与建立

随着 AI 技术的飞速发展，其在人力资源管理领域的价值日渐凸显。HR 可以借助 AI 技术高效地设计业务目标。

HR 的业务目标要与企业整体战略和业务目标高度契合，为企业发展提供强有力的支撑。例如，提升员工满意度、降低员工流失率、优化招聘流程、提升招聘质量等，都可以作为 HR 的业务目标。

在明确了业务目标之后，HR 需要制定 AI 应用于人力资源管理领域的具体策略，包括选择合适的 AI 技术、确定应用场景等，以确保 AI 能够有效支持业务目标实现。

AI 在帮助 HR 设计业务目标方面可以发挥多种作用，以下是几个主要的应用场景。

1. 数据驱动决策

AI可以帮助HR收集和分析大量的人力资源数据，包括员工绩效、招聘周期、离职率等。通过对这些数据的深入挖掘和分析，HR可以更加准确地理解企业的人力资源状况，从而制定更为精准有效的业务目标。

2. 自动化和智能化预测

AI可以基于历史数据和算法模型预测未来的人力资源需求和挑战。例如，通过预测员工离职率，HR可以提前制订招聘和人才培养计划，确保企业的人力资源需求得到满足。此外，AI还可以预测市场和行业发展趋势，帮助HR制定更具前瞻性的业务目标。

3. 个性化建议和流程优化

AI可以根据员工的技能、兴趣和发展潜力，提供个性化的职业发展建议和培训计划。这有助于HR更好地了解员工的需求和期望，制定契合员工发展的业务目标。同时，AI还可以优化招聘流程，提高招聘效率和质量，确保企业能够吸引和留住优秀人才。

4. 提高工作效率和准确性

AI可以自动化处理大量的人力资源管理工作，如简历筛选、面试安排、绩效评估等。这不仅可以减轻HR的工作负担，还可以提高工作的准确性和效率。有了AI的支持，HR可以更加专注于核心业务目标的设计和实施。

5. 优化人才管理

AI可以帮助HR构建人才管理系统，实现人才信息的集中管理和分析。通过对人才数据的挖掘和分析，HR可以更加全面地了解企业的人才结构和分布情况，从而制定更为合理、有效的人才管理策略和业务目标。

8.3.2 员工行为表现分析

AI可以自动化处理大量数据，快速准确地提供分析结果，帮助HR更好地理解员工行为，预测人员流动，提升员工培训效果和人力资源管理水平。

员工行为分析是 AI 在人力资源管理领域的一个重要应用。通过分析员工行为数据，如工作表现、学习进度等，HR 可以获得更深入的洞察，从而制定更有效的管理策略。

为了提升工作效率和员工满意度，某科技公司的人力资源部门运用 AI 对员工行为数据进行深度分析。具体来说，AI 主要在以下方面发挥作用。

1. 数据收集与整合

AI 可以帮助 HR 自动收集员工的行为数据，这些数据可能来自工作绩效记录、项目进度、沟通记录、考勤等。AI 可以整合来自不同系统的数据，形成一个全面的员工行为数据库。

2. 数据预处理

收集到的数据可能存在缺失、异常值、噪声等问题，AI 可以通过清洗、填充、转化等操作，使数据更加规范和准确。

3. 特征工程

AI 可以将原始数据转化为机器学习模型可以处理的特征，包括工作效率、工作质量、团队合作度、沟通能力等。特征工程还包括特征选择和特征提取，以确保模型能够准确捕捉到员工行为的关键特征。

4. 模型选择与训练

根据提取出的特征和要解决的问题（如评估员工绩效、预测离职风险等），AI 可以选择合适的机器学习模型。使用选择好的机器学习模型对预处理后的数据进行训练，模型在训练过程中会不断优化，以更好地拟合数据。

5. 模型评估与优化

训练好的模型需要经过评估，以确定模型的准确性和可靠性。AI 可以使用交叉验证、精度、召回率等指标来评估模型性能。根据评估结果，AI 可以对模型进行迭代优化，提高模型的预测能力和泛化能力。

6. 员工行为分析

AI 可以利用训练好的模型对员工行为进行深入分析。例如，可以分析员工的工作效率变化趋势、团队协作情况、沟通能力等。通过员工行为分析，HR可以更加准确地了解员工的行为特点，为制定个性化的管理策略提供依据。

7. 实时监控与预警

AI可以实时监控员工的行为数据，一旦发现异常或风险，可以立即发出预警。例如，某个员工的工作效率突然下降或与其他同事的沟通减少，AI可以提醒HR关注该员工的状态。

8. 可视化与报告

为了更好地向管理层展示分析结果，AI可以使用可视化工具（如图表、仪表板等）来展示关键指标和趋势。同时，AI还可以自动生成员工行为分析报告，为HR提供决策支持。

9. 应用与反馈

AI模型不仅能用于员工行为分析，还可用于员工离职预测、培训需求分析、职业发展路径规划等多个方面。在实际应用过程中，HR需要不断收集反馈信息，以便对模型进行迭代优化。

8.3.3　业务目标完成度预测

在人力资源管理领域，AI可以对员工的工作进度进行监测，并对业务目标完成情况进行前瞻性预测。AI的引入不仅使HR能够实时洞察员工的工作状态和成果，还能基于详尽的数据分析，为企业决策提供客观、准确的依据。

借助AI，HR可以持续监测员工的工作进度，捕捉员工绩效的细微变化，并据此及时调整管理策略。更重要的是，AI评估员工表现完全基于数据分析，摆脱了人为因素的干扰，确保了评估的公正性。

AI依托其强大的数据分析能力，可以深入挖掘数据的潜在价值，准确预测员工的工作进度和业务目标完成情况。这些预测结果不仅为企业提供了决策依据，还有助于企业提前布局，把握市场机遇。

此外，AI的应用也极大地减轻了HR的工作负担，AI可以自动化处理海量数据，显著提高工作效率，让 HR 可以更加专注于战略层面的规划和管理，为企业创造更大的价值。

HR 利用 AI 进行业务目标完成度预测的步骤如图 8-3 所示。

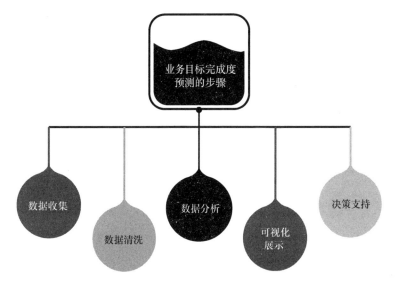

图8-3　HR利用AI进行业务目标完成度预测的步骤

1. 数据收集

借助 AI，HR 可以从企业内部系统（如 ERP、CRM 等）、员工满意度调查、员工反馈等渠道全面收集员工的数据，如工作时间、工作量、工作成果等。

2. 数据清洗

收集数据后，HR 需要对数据进行清洗，去除冗余和错误信息，确保数据的准确性和可靠性。

3. 数据分析

利用 AI，HR 可以对清洗后的数据进行深入分析，提取关键信息，为预测业务目标完成度提供有力支持。

4. 可视化展示

AI 可以将分析结果以图表、报告等直观的形式呈现出来，便于企业快速了解员工的工作进度和业务目标完成情况。

5. 决策支持

基于分析结果，AI可以为企业提供有针对性的建议，助力企业优化技术布局和业务规划。

需要注意的是，在运用AI预测业务目标完成度的过程中，HR应始终关注员工隐私和数据安全，确保合规使用员工数据。

8.3.4 业务问题与笔记管理

AI可以通过大数据分析、机器学习等方法，帮助企业快速识别和解决业务问题。例如，AI可以分析员工的绩效考核结果，预测出哪些员工可能离职，从而助力HR及时干预并采取措施留住高绩效员工。AI可以分析招聘数据，识别出企业招聘流程的不足，帮助HR及时优化招聘策略，提高工作效率。

例如，某互联网公司面临高绩效员工流失的问题，为此，公司决定运用AI来管理员工绩效。该公司引入了一套先进的AI绩效管理系统，该系统可以自动分析员工的工作数据，为员工提供个性化的反馈和建议。同时，该系统还能根据员工的日常表现自动调整奖励与福利，确保员工的待遇合理。在实施这一措施后，员工满意度大幅提升，高绩效员工的流失率大幅下降。

在日常工作中，HR需要处理大量信息，包括会议记录、员工反馈、培训资料等。这些信息对HR来说非常重要，但传统的信息与笔记管理方法存在效率低下、错误率高的问题。AI可以帮助HR更好地管理这些信息与笔记。AI可以通过自然语言处理技术将笔记和信息自动归类和整理，方便HR快速查找与使用。同时，AI还可以通过深度学习算法自动学习信息与笔记中的关键信息，对内容进行深入挖掘，帮助HR发现其中的规律和趋势，为决策提供帮助。

AI在解决业务问题和笔记管理方面具有高效、准确的优势。但随着技术的发展与应用范围的扩大，AI也面临着数据安全、用户信任等方面的挑战。因此，HR在应用AI解决业务问题与进行笔记管理时，要充分考虑这些因素，确保技术的合规性。

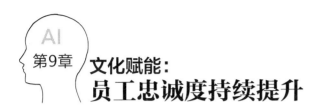

第9章 文化赋能：
员工忠诚度持续提升

企业文化对企业至关重要，是企业核心竞争力的源泉，对企业的健康持续发展和员工忠诚度提升有着重要意义。AI可以帮助企业更高效地设计与传播企业文化，让员工更好地了解和认同企业的价值观与使命，从而增强对企业的认同感和归属感。

9.1 AI时代的文化建设

优秀的企业文化有助于企业形成凝聚力、吸引力、市场竞争力等。在AI时代，企业可以借助AI设计更加精准的文化建设方案，策划丰富多彩的文化活动。这样，企业文化不再只是口号，而是成为员工心中的灯塔，指引他们前行，共同创造更加辉煌的未来。

9.1.1 设计文化建设方案，打造强团队

AI可以在以下方面发挥价值，助力企业设计精准的文化建设方案。

1. 深入洞察员工需求

了解员工的需求和期望是塑造企业文化的基石。借助AI，HR能够系统收集并分析员工数据，从而深入洞察他们的期望。通过分析员工的在线行为以及在社交媒体上的互动，HR能够洞悉员工对企业的看法、对岗位的满意度，以及他们偏爱的工作方式。这些数据为人力资源部门制定精准招聘策略和员工关系管理计划提供了依据。

2. 确立清晰的价值导向与行为规范

基于对员工需求的深入了解，企业能够确立清晰、明确的价值观和行为规范，用以指导员工行为。在制定这些规范时，AI可以帮助企业分析市

场趋势和行业最佳实践，确保企业的价值观和行为规范与外部环境高度契合。同时，AI 也成为传播企业价值观和行为规范的有力工具，通过内部社交媒体平台、员工培训等多种渠道，确保每位员工都能深刻理解并践行这些规范。

3. 员工个性化培训

持续的员工培训是塑造企业文化的关键。借助 AI，企业能够实现高效、个性化定制的员工培训。AI 可以深度分析员工的技能与经验，为其量身打造专属的培训计划，助力员工成长。同时，AI 还具备智能评估和反馈功能，能够精准分析员工的优势与不足，为员工提供有针对性的改进建议。

例如，某企业研发了一款 AI 导师系统，该系统根据员工的技能和兴趣，为员工提供精准的学习资源和职业发展规划。基于 AI 导师系统的评估结果，员工能够更加清晰地了解自己的技能、知识水平和行为表现，获得更有价值的成长建议。

4. 员工关系管理

和谐的员工关系是企业文化的重要组成部分，AI 在员工关系管理中发挥着重要作用。通过对员工信息的深度分析，AI 能够预测员工的离职倾向，基于此，企业可以提前采取干预措施。此外，AI 还能助力企业打造智能沟通系统，加强员工间的沟通与协作，提升员工的工作效率。

例如，企业可以打造一个基于 AI 的智能沟通平台，收集并分析员工的日常沟通数据，从而了解员工的日常状态、团队氛围、员工之间的关系等。员工也可以通过该平台提出反馈意见，帮助企业不断完善管理。

5. 激发员工参与和创新热情

激发员工参与和创新热情是企业文化建设的重要目标。HR 可以利用 AI 收集并分析员工的意见和建议，确保他们的声音能够被企业决策层听到。此外，通过智能化的奖励系统和在线评价平台，企业可以及时表彰员工的创新行为和优秀表现，进一步激发他们的工作热情和创造力。

6. 营造积极向上的氛围

营造积极向上的氛围对企业文化建设至关重要。借助 AI，HR 可以监测员工间的互动与合作情况，及时发现并解决潜在问题。同时，AI 还能帮助 HR 提升员工的工作满意度和幸福感，通过智能化的福利系统和在线健康管理平台为员工提供全方位的支持与关怀，确保他们在轻松愉悦的环境中充分发挥潜能。

在数字化时代，AI 为企业文化的构建和传播提供了全新的可能，助力企业在激烈的市场竞争中获得更大优势。

9.1.2　设计文化活动，创意不枯竭

在激烈的市场竞争中，为了提升品牌形象、增强员工凝聚力、与客户建立更密切的联系，企业需要举办各种文化活动。文化活动策划与设计的灵魂是创新。然而，随着时间的推移，创意枯竭成为困扰企业的难题。AI 的应用为文化活动的设计带来了全新的解决方案，极大地激发了创意的火花，提升了效率，确保了创意源源不断。

AI 可以通过分析大量的文化数据，为策划者提供大量创意灵感。例如，通过对历史文化活动、古籍、艺术作品等数据的挖掘，AI 能够生成新颖且符合市场需求的活动创意。企业可以基于这些创意，设计出独具特色的文化活动。

在文化活动内容设计方面，AI 也能发挥巨大作用。AI 可以根据企业特点推荐个性化内容，这不仅可以确保活动内容与企业形象高度契合，还能满足不同受众的需求，提升活动的吸引力。同时，AI 还可以帮助企业自动生成具有创意和美感的图文，为活动增加亮点。

在活动策划阶段，AI 可以为企业提供多种方案，并通过模拟仿真预测各种方案的效果。这有助于企业快速找到最佳策划方案，提高策划效率。此外，AI 还可以帮助企业优化活动管理流程，如自动分配任务、实时监控活动进度等，确保活动顺利进行。

在活动结束后，AI 可以帮助企业对活动数据进行深度分析，如参与者

行为、活动参与度、互动情况等。这有助于企业了解活动的实际效果，为未来的活动策划提供数据支持。同时，通过对活动数据的分析，企业还可以发现潜在的问题和机会，为持续改进和优化文化活动提供指导。

例如，某科技公司希望通过开展文化活动增强员工之间的互动和团队合作。对此，HR利用AI分析员工的兴趣爱好和文化背景。根据分析结果，AI生成了多样化的文化活动主题。此外，HR还利用AI生成创意，设计独特的文化活动形式，并根据员工的特点和喜好定制了个性化的体验活动，提升员工参与感和满意度。

AI可以帮助企业实现创意不枯竭，为企业文化建设和发展提供强有力的支持。

9.2 AI助力企业文化宣传

企业文化宣传是展示企业精神风貌和核心价值观的重要途径。在这个数字化、智能化的时代，AI能够为企业文化宣传注入新的活力。AI具有卓越的设计能力、创作能力和数据分析能力，能够设计出别具一格的文化宣传海报，创作出引人入胜的文化宣传视频，并自动分析宣传数据，为宣传策略的优化提供有力支持。在AI的加持下，企业文化宣传不仅能够更加精准地触达目标受众，还能够以更加生动、有趣的方式展现企业的独特魅力，为企业的品牌建设和文化传播增添新动力。

9.2.1 设计文化宣传海报，颜值有保证

海报宣传是一种普遍且高效的宣传方式，在企业形象塑造和品牌推广方面发挥着重要作用。通过富有创意的设计，文化宣传海报可以迅速吸引目标用户的注意，从而实现企业文化的广泛传播。具体来说，海报宣传的优势主要体现在以下几个方面。

首先，海报能够有效吸引用户的目光。在快节奏的现代生活中，人们对传统、枯燥的广告往往感到厌倦。企业若能设计出具有艺术美感和文化内涵的宣传海报，便能迅速抓住用户眼球，引起他们的兴趣。

其次，海报能够精准传达关键信息，实现有效宣传。作为一种视觉冲击力很强、富有创意的宣传形式，海报不仅能够吸引用户的目光，更能通过图片、文字等元素的巧妙组合传递真实、可信且有效的信息，从而达成企业的宣传目标。

最后，海报能够充分展现宣传主旨，实现宣传目的。在设计海报时，企业应将宣传的核心思想融入其中，通过视觉元素和文案的巧妙配合向用户传达企业的价值观和文化理念，达到深化品牌形象和文化宣传的目的。

文化宣传海报很重要，但并非所有企业都拥有专业的设计团队。在这种情况下，许多企业选择利用 AI 来设计文化宣传海报。例如，创客贴等在线设计平台具有 AI 海报制作功能，用户只需输入关键词并选择设计风格，便可轻松生成符合需求的海报作品。这些平台还提供了丰富的模板和素材资源，为用户提供了更多的选择，满足用户的多样化海报制作需求。

9.2.2　创作文化宣传视频，打造电影既视感

为了能够更好地宣传企业文化，许多企业利用 AI 打造文化宣传视频，传递自身的思想理念。

视频是企业文化宣传的重要方式之一，但是制作优质视频往往需要企业花费大量的金钱、时间和精力。随着 AI 技术的不断发展，许多 AI 视频生成软件出现，支持企业在低投入、低花费的情况下生成高质量视频。

下面是常用的 AI 视频自动生成软件（平台），能够帮助企业制作优质的文化宣传视频。

1. D-ID

D-ID 是一个功能强大的 AI 视频生成平台，能够用于制作数字人视频。D-ID 功能丰富，用户上传人物图像，并输入想说的话，D-ID 便可为其生成一段视频。用户还可以上传一段音频，D-ID 可以合成一段具有电影感的影片。D-ID 还支持文本生成、文本转图像，能够为生成的视频提供多种语言。

D-ID 生成的影片能够用于企业宣传、虚拟教师、短视频等多种场景，满

足用户的多种需要。用户可以参考以下使用技巧生成高质量的视频。

（1）清楚的照片。为了保证生成视频的质量，用户应该上传清晰的、人物面部细节清楚的照片，避免使用模糊的照片。

（2）进行多种语音尝试。D-ID拥有多种语音模式，用户可以多尝试，从而找到最适合视频风格的语音。

（3）注意语速。用户在进行视频编辑时需要注意人物的语速，以保证合成的视频更自然。

（4）尽情发挥创意。用户可以将D-ID与其他AI软件结合起来，发挥各个软件的长处，制作出更加优质的视频。

2. Pictory

Pictory是一款AI视频生成软件，可以利用AI技术将文本转化为视频。Pictory的优势在于页面简洁，没有视频制作经验的人也能轻松制作和编辑视频。

用户输入脚本或文章，Pictory便能迅速将用户输入的内容转化为有吸引力的视频。Pictory具有视频定制功能，用户可以对视频的字体、滤镜等进行个性化设置，还可以自行编辑字幕，更加清晰地呈现视频内容。

Pictory还有一个特色功能是支持用户共享视频亮点集锦。用户可以自行创建预告片，提高视频在社交媒体上的流量和曝光度。

3. 来画

来画是一个AI数字人生成平台，能够将用户输入的文本转化为数字人视频，使数字人代替真人满足多场景播报的需求。用户可以按照喜好选择合适的数字人角色，借助来画的数字人编辑器定制数字人形象。来画的编辑器中有很多模板，用户可以定制专属数字人形象并生成动画视频。来画还支持背景、模板等方面的定制，能够满足用户多场景需求，帮助用户节约视频制作时间和成本。

4. WOXO VidGPT

WOXO VidGPT是一款AI生成视频软件，能够帮助用户快速生成视频，可以用于企业宣传、个人品牌打造等。WOXO VidGPT功能强大，除了能够智能生成视频外，还具有 AI 画外音、讲故事等功能。

WOXO VidGPT 简单易用，用户只需要输入一段描述性文字，其便能够生成相应的视频。如果用户不满意，可以从音频、文字、视觉效果等方面对其进行调整。为便于用户分享，WOXO VidGPT 还具有视频主题标签和视频描述功能。

WOXO VidGPT 主要有五个优势，如图 9-1 所示。

图9-1　WOXO VidGPT的五个优势

（1）高效便捷。WOXO VidGPT 具有强大的生成能力，能够自动完成视频制作，包括视频的剪辑、生成、特效添加等，减轻了用户的工作负担。

（2）具有专业品质。WOXO VidGPT 拥有丰富的素材和多样的视频编辑功能，用户可以方便快捷地制作出具有专业水准的视频。

（3）个性化定制。WOXO VidGPT 支持个性化定制视频，包括视频的风格、文字、音乐等，有助于用户打造专属视频。

（4）适配多平台。WOXO VidGPT 拥有多种视频格式和分辨率，能够适配多个平台，满足用户的多种需求。

（5）简单易用。WOXO VidGPT 的界面设计十分简洁，各类操作也十分简单，零基础用户也能快速上手。

WOXO VidGPT 拥有免费版、专业版和企业版三个版本，不同版本有不同的收费模式。免费版能够为用户提供基础的视频制作功能，适用于个人用户或者小型团队；专业版适用于中型企业和专业的视频创作者，提供更专业的素材库和高级视频编辑功能；企业版适合大型企业，提供全面的视频解决方案和一些定制化服务。用户可以根据自身需求选择合适的版本。

5. DeepBrain

DeepBrain 是一个 AI 视频生成平台。在 DeepBrain 平台上，用户准备好脚本，便能够在 5 分钟内获得一个专属的 AI 视频。这极大地节约了用户拍摄、剪辑和编辑视频的时间和人力成本。DeepBrain 平台上有超过 100 个 AI 化身，支持超过 55 种语言，可以满足不同用户的不同需求。DeepBrain 还提供定制 AI 化身的服务，明星、新闻主播等可以定制自己的专属虚拟形象。针对不同的领域，DeepBrain 提供多种视频模板，如新闻视频模板、营销视频模板、解说视频模板等，助力用户快速制作视频。

6. Opus Clip

Opus Clip 是一款 AI 视频生成软件，其最大的亮点是支持将长视频浓缩成短视频。Opus Clip 能够对用户上传的视频进行分析，从中提取亮点，剪辑成吸引人的短视频。Opus Clip 还能给短片评分，评估其传播潜力。

Opus Clip 具有自动转场功能，能够自动转换画面和音频，使整个视频更加流畅；具有自动字幕功能；支持 1080p 分辨率，能够为用户提供高质量视频。此外，Opus Clip 提供多样化、时尚的模板，用户可以快速制作高专业水准的视频。

7. 万兴播爆

万兴播爆是万兴科技推出的一款 AI 视频创意软件。用户打开万兴播爆并输入关键词，便可以快速获得真人营销视频，节省了拍摄和剪辑的时间。万兴播爆的数字人类型众多，用户可以从性别、年龄、肤色、国籍等维度选择自己喜欢的数字人，满足自己的个性化视频制作需求。

万兴播爆为用户提供了多种专业级模板，覆盖了多种场景需求。其文字转语音功能为用户提供多种风格、多种语言的配音，能够提高视频质量。对于新用户，万兴播爆为其提供了专业的营销脚本，用户仅需替换关键词便可生成独属于自己的脚本。万兴播爆还有 AI 智能写稿模块，用户只需输入关键词，就可以获得专属的多语言营销稿件。

8. Synthesia

Synthesia 是一款 AI 视频生成软件，能够帮助企业生成带有 AI 头像的视频。Synthesia 功能众多，支持多种语言和模板、屏幕录像机、媒体库等。企业在使用 Synthesia 时，仅需输入预先写好的脚本，便可以获得一个视频。Synthesia 为用户提供了 70 多种 AI 头像，还提供了品牌专属 AI 头像。如果用户觉得预设头像无趣，可以自行创建头像。

Synthesia 还为企业提供 AI 语音生成服务，只需简单操作，企业便可以获得专业的配音服务。Synthesia 具有画外音功能，用户完成头像和画外音设置后，可以使用多种多样的模板，快速制作出优质视频。如果企业想使视频有更高的辨识度，可以上传自己的品牌标识来定制模板。

除了上述工具，Sora、Runway、Pika、FlexClip 等产品也是不错的选择。这些 AI 视频生成工具还在不断进步，在功能上不断推陈出新，为用户提供更高效、便捷的视频制作服务。随着 AI 技术的不断发展，视频制作将会变得越来越简单，毫无基础的用户也可以制作出高质量的视频。

9.2.3 自动分析宣传数据，设计并调整宣传方案

在数字化时代，数据驱动决策已经成为企业成功的关键。AI 在企业宣传效果评估方面发挥着重要作用，为企业提供更为全面且高效的评估工具。

AI 可以自动从多个来源收集宣传数据，如社交媒体互动、流量、点击率等，并将这些数据整合到一个统一的平台上。

通过分析数据，AI 可以帮助企业更准确地定位目标受众，从而制定更具针对性的宣传策略。AI 可以分析哪些内容类型、话题等在目标受众中受欢迎，从而指导企业优化宣传内容。AI 可以根据不同渠道的宣传效果数据，帮助企业决定最佳的宣传渠道组合。

通过 AI 的实时数据分析，企业可以立即了解宣传活动的效果，并根据反馈调整战略。AI 可以帮助企业进行 A/B 测试，比较不同宣传方案的效果，从而帮助企业筛选出最优方案。AI 的持续学习能力使得企业可以根据长期的宣传数据不断优化宣传方案，提升宣传效果。

例如，某服装企业长期通过线上和线下渠道进行宣传。但随着发展进一步深化，该企业面临如何有效收集、整合和分析大量宣传数据，以及如何基于这些数据制定和调整宣传策略的问题。为了解决这些问题，该企业引入 AI 工具，自动收集、整合和分析各种宣传数据。该企业打造了一个集中数据平台，将所有宣传数据整合到这个平台上，对数据进行深度挖掘和分析。

尽管 AI 在宣传数据分析和方案设计方面具有显著优势，但也会给企业带来一些挑战，如数据安全、隐私泄露等。因此，在享受 AI 带来的便利的同时，企业需要确保收集到的数据得到安全存储，防止数据泄露。此外，企业应为员工提供 AI、数据分析方面的培训，使员工能够更好地利用 AI。

利用 AI 自动分析宣传数据、设计并调整宣传方案为企业的文化宣传注入了新的活力。通过数据驱动决策，企业可以更准确地了解目标受众，优化宣传内容，选择合适的宣传渠道，并及时调整宣传策略。

第10章 服务赋能：AI终极目标是优化体验

在当今快速变化的商业环境中，AI凭借其独特的优势，正逐步重塑企业的办公模式。AI不仅深入渗透至企业运营的各个层面，还给员工的工作体验和团队协作带来了前所未有的变革。从智能关怀到智能机器人，AI技术正以其独特的方式激发企业新活力，推动企业向更高效、更人性化的方向迈进。

10.1 AI实现极致工作体验

AI在企业办公中的广泛应用，给员工带来了新的工作体验。它可以自动化处理烦琐、重复的工作，极大地减轻了员工的负担，从而让他们能够专注于更有价值的工作。AI还能通过对数据的深度分析，为员工提供精准的决策支持，助力员工在工作中做出明智的选择。在AI助力下，员工的工作体验得到了极大的提升，为企业发展注入了新的动力。

10.1.1 数字化系统，随时随地办公

如今，很多企业都引入数字化办公系统，不仅改变了传统的工作模式，使得随时随地办公成为可能，还极大地提高了员工的工作效率与工作体验。

在传统办公方式下，员工需耗费大量时间与精力处理各类文件、邮件、表格等，且高度依赖面对面交流。这不仅耗时，还存在信息传递不畅、容易产生误解、沟通成本较高等问题。数字化系统能够有效解决这些问题。通过运用多样化的数字化系统，员工之间可以实现远程协作、在线文件共享、高效通信，并且办公的时间和空间限制被打破，显著提升了工作效率。

通过数字化系统，员工可以轻松地完成各种工作。例如，随着智能语音

助手的发展，员工可以通过语音识别和语音合成将语音转化为文字，在移动办公或者无法输入文字的情况下，依然能够高效地完成工作。

此外，AI可以帮助不同部门、团队实现跨地区协作。例如，自然语言处理技术可以对不同语言进行实时翻译，提高远程协作效率。

在数字化办公方面，腾讯走在前列，打造了数字化办公系统。这一系统不仅涵盖智能化的会议室预约系统、空调和照明系统，还包括智能化的员工考勤和门禁系统。

腾讯的数字化办公系统还包括智能化的办公设备和软件工具，员工可以通过智能手机或平板电脑远程访问办公系统。无论身处何地，员工都能够随时处理工作事务。这种办公模式不仅提高了工作效率，还增强了工作的灵活性，使得员工能够更好地平衡工作和生活。

此外，腾讯的数字化办公系统还通过智能化方式，如语音助手等，帮助员工更加高效地完成工作任务。数字化办公系统的应用，不仅为腾讯带来了显著的竞争优势，也为其他企业提供了可借鉴的经验。

数字化办公已成为当今企业高效运作的必然选择。它不仅能够显著提升工作效率，还为员工带来了更多便利，进一步激发了员工的创新精神与创造力。未来，随着数字技术的飞速发展与广泛应用，数字化办公将在提升生产力、优化工作流程、激发创新潜能等方面发挥更加关键的作用，成为数字化时代工作模式变革的核心驱动力。

10.1.2　自动处理基础任务，提高工作效率

在AI火热发展的背景下，越来越多企业认识到AI在自动处理基础任务方面的潜力。AI不仅能够快速、准确地处理大量信息和数据，还可以全天候工作，成为释放员工潜能、提高员工工作效率的有力工具。

如今，越来越多的企业引入RPA技术，借助软件机器人实现办公事务及业务流程的自动化处理。机器人能够模拟员工在计算机上的操作，执行规则性强、重复性较高且易于量化的任务。

利用RPA技术，企业得以实现大量数据的高效录入、整合和分析，从而

提升数据处理速度和精确性。以财务部门为例，RPA技术能够自动执行数据输入、报表生成等任务，减少人为失误，同时节省大量时间。

借助RPA技术，企业可以实现客户服务自动化。例如，客户信息管理、订单处理以及投诉处理等客户服务流程都实现了自动化运作。这不仅提升了客户服务效率，还优化了客户体验，使企业能够更精准地满足客户需求。

在财务管理方面，RPA技术极大地优化了财务管理流程，原本烦琐的财务报表生成、账单核对等任务，现在都可以交由RPA机器人高效完成。例如，某家跨国企业通过引入RPA技术，实现了常规财务流程的自动化，不仅节省了时间成本，还让员工能够专注于更具创造性的任务。

RPA技术在人力资源管理领域也展现出巨大的应用价值。当新员工入职时，HR需要整合来自多个系统的数据，完成新工作邮箱、应用程序访问权限以及IT设备等设置。RPA技术可以自动激活用户账户，提升整体流程效率。RPA机器人还能根据新员工的权限和入职信息，智能地制定和执行相应的决策。

运用AI实现基础任务自动化处理，已成为企业提升工作效率、释放员工潜能的关键手段。但在应用AI过程中，企业需充分考虑技术挑战、数据安全等问题，以确保技术的合规运用和自身的持续发展。充分挖掘AI的优势与潜力，助力企业在激烈的市场竞争中占据更大优势。

10.1.3　利用智能知识图谱，满足工作成长需求

知识图谱是一种语义网络式知识库，即具备有向图结构的知识库。通俗意义上来讲，知识图谱就是由实体、关系与属性共同构成的一种数据结构，也可以说是2.0版本的数据库。

知识图谱可以分为通用型知识图谱和行业型知识图谱两类。通用型知识图谱侧重于构建具有行业通用性的常识性知识，常应用于搜索引擎或推荐系统；行业型知识图谱主要面向企业用户，通过构建适用于不同行业、企业的知识图谱，为企业提供高质量的知识服务。

知识图谱是人工智能的一项重要分支技术，最初由谷歌提出，在搜索、

自然语言处理、电子商务等领域发挥了重要作用。例如，"百度一下"就是知识图谱技术的典型应用。通过采用数据采集、信息处理、知识计量、图形绘制等方法，知识图谱技术使复杂的、隐性的知识变得清晰化、简约化。另外，知识图谱技术能够揭示知识的动态变化规律，为员工学习提供有价值的参考信息。

在办公场景中，员工能够利用知识图谱技术制订科学的学习计划，提高学习效率，满足自身工作成长需求。知识图谱技术能够从三个层面提升知识搜索效果，如图 10-1 所示。

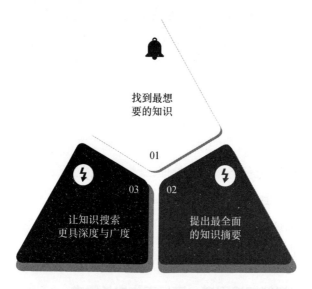

图10-1　知识图谱提升知识搜索效果的三个层面

1. 找到最想要的知识

知识图谱技术能够帮助员工找到想学习的知识。知识图谱技术的根基是搜索引擎技术。智能化的搜索引擎能够精准锁定关键知识点，以最快的速度帮助员工找到想要获取的知识。

2. 提供最全面的知识摘要

知识图谱技术能够提供最全面的知识摘要。例如，百度会为我们提供一个知识清单，让我们知道知识的层次与内在逻辑。在百度中输入"李白"，我们不仅能够看到关于李白的大事年表，还能够了解到与他相关的各种人物的信息。这样，我们就能够对李白有一个全面而深刻的认知。

知识图谱技术还能够帮助员工了解知识的层次和脉络。当员工搜索一个知识点时，搜索结果能够显示出知识点的详细内容和与之相关的知识脉络，便于员工理解。

3. 让知识搜索更具深度与广度

知识图谱技术能够让知识的搜索更具深度和广度。例如，员工在百度上搜索行业趋势、技术动态等，搜索结果会呈现综合、全面的信息。知识图谱技术能够拓展知识搜索的深度与广度，构建一个相对完整的知识体系，让员工的知识脉络更加清晰，将知识掌握得更为牢固。

知识图谱技术不仅可以为员工构建完整的知识脉络，实现员工学习的个性化，还可以帮助企业了解员工的情况和知识掌握程度。

10.2 AI背景下的协作体验变革

AI在企业中的深入应用不仅极大地提升了工作效率，还重塑了团队协作的方式和体验。从智能助手助力团队高效沟通，到数据分析工具帮助员工洞察市场趋势，AI正逐步渗透协作的各个环节，让员工能够在更加智能、便捷的环境中高效协作。未来，协作将更加智能高效，为企业的创新与发展注入源源不断的动力。

10.2.1 打通"部门墙"，拒绝信息差

"部门墙"指的是阻碍企业各部门之间信息传递、沟通交流的无形的"墙"，主要表现在企业内部结构混乱、工作效率低下等方面。想要打通"部门墙"，企业就要顺应时代发展，引进现代化沟通与协作工具，实现高效沟通，形成开放的企业文化。那么，有哪些现代化的工具可以使用呢？

1. 故事墙

故事墙通常分为计划、开发、测试、完成四部分，适合产品研发部门使用。产品的每项需求以卡片形式展示，卡片的位置越高，代表该需求的优先级越高。通过梳理产品需求，整个项目的研发进度一目了然。

需求卡片通常分为三种，使用不同颜色加以区分，主要包括需求内容、执行进度等，如图 10-2 所示。

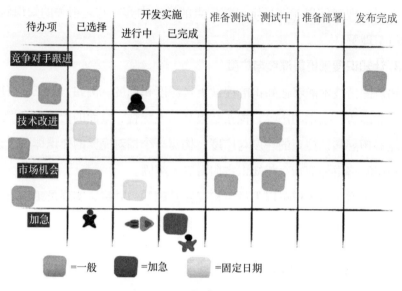

图10-2　故事墙示意图

除了开发进度这种一目了然的信息外，企业也可以通过故事墙了解一些隐性信息。例如，计划区的卡片较少，则说明产品需求不足或更新速度较慢，需要由产品策划部门补充产品需求；当某项需求长期未被解决，则说明出现技术瓶颈，需要与相关部门进行沟通，明确是加大资源投入还是暂时放弃该需求。

2. 数据墙

数据墙适合产品运营部门使用，它可以将反映产品运营状态的参数展示出来，如日新增、日活跃等。运营部门也可以根据产品类型或产品所处阶段决定参数类型。

数据墙以参数、日期为核心维度，企业可以绘制折线图表明数据的发展趋势，并绘制出目标量，以方便观察目标完成情况。数据墙可以培养员工关注产品数据的习惯，并增强其数据分析能力。

在运营过程中，企业也要将新发现的关键参数在数据墙上展示出来，并补充改版前后这些数据的表现，这样就可以更好地了解产品改进的突破点。

3. 协同工作的工具平台

传统的工具平台不支持多人协同作业，往往是一人在文档中编辑完成之后发送给下一人，流程烦琐，且浪费时间。可以实现协同工作的工具平台则完美解决了这一问题，如Worktile、会议桌、腾讯文档、印象笔记等。团队成员可以同时在线作业，显著提高团队工作效率。当前，市面上的协同办公工具平台基本实现 PC 端和移动端全覆盖，支持多人同时对文档进行编辑。因此，团队成员可以轻松完成协作撰稿、方案讨论、会议记录和资料共享等工作。

4. 共享文件夹

共享文件夹适合存放那些占用存储空间很大，或者不方便在线上修改的文件。这类文件不常用，在需要时又很难迅速传输，因此可以在共享文件夹中存档，方便随时取用。值得注意的是，员工只能在局域网范围内访问共享文件夹。

线下共享工具（如白板、公告板）通常位置醒目，且可视化程度较高，但需要专人进行实时维护，同时单次可共享的数据较少。线上共享工具则正好相反，共享数据较多，无须专门维护，但其可视化程度不高，需要员工主动查找。

在实际使用中，企业可以综合运用这些协作工具，降低数据共享的时间及资源成本，推动自身的数字化进程，有效提升各部门之间的协作效率。

10.2.2 协作办公软件，身处异地也能沟通

在 AI 时代，自上而下的沟通方式效率很低，不利于企业盈利能力的提升。为了保持组织活力，提升管理效率，许多企业都加强了线上的数字化协同办公。线上数字化协同将会改变人们对办公的认知，全面推进企业的自动化、智能化、数字化发展。

下面以支持团队线上协同办公的软件"飞书"为例进行详述。作为综合协同办公市场中的后起之秀，飞书持续不断地整合资源，完善自己的服务生态。如今，飞书已经成为面向企业端的协同办公平台翘楚，为企业的信息沟通交流带来了极大便利。

数字化时代，各行各业都注重构建自己的云服务生态，特别是互联网行业。飞书作为面向企业端的协同办公平台，很早就深入布局云服务，经过多次技术与功能升级，已经具备强大的云服务能力，能够高效处理多人上传的海量数据，实现多人同步交流。

与企业微信、钉钉等同类型办公平台不同，飞书更多地聚焦于企业内部成员的信息沟通与交流，提升协同办公效率，进而提高团队的创造力。飞书一直致力于提高与各类工作平台的耦合度，故而采用轻量级运行方式，试图还原线下团队之间的实时沟通。

对于企业来说，人与信息是其发展的基石。飞书让企业内部的信息交流脱离单线流程，实现多人实时沟通，真正做到了线上协同办公。

10.2.3　社交型办公室提升员工幸福感

企业在设计办公室方面也需要花费心思，一个良好的办公室设计方案不仅需要考虑到美学问题，还需要考虑到员工的工作心理与行为。社交型办公室能够从服务、资源、企业发展等多维度满足办公需求，消除办公室的物理边界，加强团队交流互动，提升员工幸福感。

试想，办公室里没有传统格子间的束缚和压抑，大家可以随意走动、交流，靠在沙发上工作，这样的工作模式是不是非常自在？美国一家医学类杂志社曾对500多名企业员工进行研究，结果表明，在开放式办公室中工作的员工压力值更低，活跃度更高。这引发了美国各地企业将办公室改造为开放式环境的风潮。

以谷歌为例，其在世界各地的开放式办公空间设计是科技行业的标杆。谷歌致力于让员工在非常独特的工作环境中拥有更愉快的工作体验，其办公室的配套设施包括滑梯、自行车、篮球场、乒乓球桌以及游戏设备，而且每间办公室都有独特的感性设计，员工不会感到无聊。

谷歌持续对办公室进行改进。2021年，谷歌在Googleplex办公园区内引入了Team Pods工作舱，每个工作舱内配有桌子、椅子、白板以及储物柜。针对不需要固定办公桌的员工，谷歌给他们提供了配有圆弧形挡板的工作站。机器人充气的气球墙也在 Googleplex 内启用，可以减少噪声污染。

此外，谷歌推出的新会议室"篝火"十分特别，参加会议的人仿佛置身于篝火晚会中。他们围坐在带有背板的圆形空间内，背板的显示屏上可以显示远程参会者。

对于未来办公形态的探索，谷歌给出的答案未必是最好的。但不可否认的是，随着人们个人意识的觉醒，开放式的办公空间更受欢迎，它能让团队更好地沟通，从而提高协作效率。

10.3　智能关怀提升员工满意度

在数字化时代的浪潮下，智能关怀成为企业提升员工满意度的关键举措。通过运用先进的 AI、大数据等技术，企业能够更精准地洞察员工需求，为其提供个性化的关怀与支持。智能关怀有助于企业为员工创造一个舒适、和谐的工作环境，让每一位员工都能感受到企业的温暖与关怀，从而提升员工满意度，激发员工的工作热情和创造力。

10.3.1　节日/生日祝福自动发送

在现代企业管理中，为员工送上节日/生日祝福逐渐成为一种重要的员工关怀方式。向员工发送节日/生日祝福，不仅能够表达对员工的关心，还能有效增强内部凝聚力，提升员工满意度和忠诚度。AI可以助力企业为员工提供关怀，实现节日/生日祝福自动发送。

借助 AI 向员工送上节日/生日祝福，能够确保员工在恰当的时间节点收到祝福，从而避免因人为疏忽而导致祝福延误的尴尬局面。这种自动化的方式不仅提高了企业的人力资源管理效率，节省了人力成本，还让员工感受到企业的关怀和细心。

节日/生日祝福作为企业文化的一部分，有助于塑造积极向上的工作氛围。当员工收到来自企业的节日/生日祝福时，员工会感到被重视和认可，进而增强归属感和忠诚度。这种情感上的交互能够有效提升员工的工作积极性和满意度，为企业创造更多价值。

例如，SMS(Short Message Service，腾讯云短信)是一个能够自动发送定时短信的平台，能够为企业庆祝节日与员工生日提供便捷服务。该平台能够协助HR在节假日及员工生日来临之际自动发送祝福短信，从而提高员工的工作满意度和团队凝聚力。该平台的优势主要体现在以下几个方面。

1. 自动发送

该平台能够根据预设的时间和员工信息自动向员工发送祝福短信，从而减轻HR的工作负担，提升工作效率。

2. 定时提醒

该平台具备预设发送时间功能，能够确保在节日或员工生日当天定时向员工发送祝福短信，避免遗漏。

3. 个性化祝福

该平台能够根据员工姓名及生日，自动生成个性化的祝福短信，从而提升员工的心理满足感和幸福感。

4. 数据统计分析

该平台具备记录发送短信数量、成功率等数据的功能，并具有统计分析功能，可以助力HR了解祝福的成效及员工反馈情况。

员工关怀是企业管理的重要组成部分，而节日/生日祝福是其中的重要环节。企业可以通过引入SMS平台等智能化工具，更加高效、精准地关怀员工，提升员工满意度和忠诚度，从而获得源源不断的发展动力。

10.3.2　自助式关怀福利商城

在竞争日益激烈的商业环境中，员工是企业最宝贵的资源，员工的满意度、忠诚度与企业的长远发展息息相关。传统的福利在提升员工满意度方面作用有限，对此，一些企业积极探索新的福利形式，如借助AI打造自助式关怀福利商城。

自助式关怀福利商城将AI与员工福利管理相结合，旨在为员工提供更加便捷、个性化的福利体验。

首先，商城通过大数据分析员工对福利的需求和偏好，为智能推荐福利提供数据支持。其次，利用自然语言处理技术，商城能够识别和理解员工的查询和反馈，为其提供个性化的服务。最后，商城还采用机器学习技术，不断优化推荐算法，提高推荐的准确度与员工满意度。

员工登录商城，即可浏览和选择各种福利产品。商城界面简洁明了，操作便捷，员工可以根据自己的需求快速找到心仪的福利。同时，商城还提供了在线客服和反馈机制，确保员工在使用过程中能够得到及时的帮助与反馈。

自助式关怀福利商城可以增强员工的归属感，让员工感受到企业的关心和尊重，从而提升对企业的忠诚度。该商城通常设有积分系统，员工可以通过完成工作任务、参与培训学习等方式获得积分，再用积分兑换商品，工作积极性和动力得以提升。

自助式关怀福利商城提高了企业人力资源管理效率。通过自助式关怀福利商城，企业可以集中管理所有的福利计划，解决弹性福利、补贴发放等问题，简化了福利管理流程，增强了员工的归属感，提高了员工的工作积极性和工作效率，降低了人才流失率，稳定了员工队伍，对长远发展起到积极作用。

10.3.3　制订员工援助计划

随着企业管理的不断深入，员工援助计划逐渐成为企业关怀员工、提升员工满意度和忠诚度的重要手段。AI的快速发展与应用，为这一计划注入了新的活力。AI不仅可以帮助企业分析员工的需求与期望，还能制定个性化的策略，为员工提供精准的帮助。

AI可以通过收集和分析员工的数据，发现员工可能存在的问题和未被满足的需求。例如，通过分析员工的工作时长、休息时间和工作效率，AI可以预测员工可能面临的工作压力，及时提醒员工进行调整。

AI智能咨询机器人可以7×24全天候为员工提供心理咨询服务，帮助员工缓解压力、处理情绪问题。AI智能咨询机器人还可以为员工提供职业规划、学习发展等方面的建议，帮助员工提升职业技能和竞争力。

通过分析员工数据，AI可以帮助企业更加准确地了解员工需求，从而制定出更符合员工利益的决策。AI提供的职业规划和学习发展建议，使得企业能够更精准地培养员工，不仅有助于提高员工能力和工作效率，也有助于提高员工的职业满意度。

许多企业已经成功运用AI辅助制订并实施员工援助计划，并取得了显著的效果。例如，某大型互联网企业运用AI对员工的心理健康进行分析和预测，及时发现并干预员工潜在的心理问题，有效提高了员工的心理健康水平和工作满意度。

未来，AI将与人力资源管理更加紧密地结合在一起，实现员工数据的全面收集分析和员工需求与问题的高效解决。

10.4　员工的好搭档：智能机器人

智能机器人具有智慧的"大脑"，能够自动处理多类型任务。如今，智能机器人已经在很多行业和工作场景中得到应用，成为员工的好搭档，减轻员工的工作压力和负担，为企业健康发展和工作顺利开展提供诸多帮助。

10.4.1　AI时代，虚拟数字员工迅猛发展

在AI时代，虚拟数字员工迅猛发展。虚拟数字员工能够辅助员工工作，帮助员工解决用户问题，提升服务质量与效率。

虚拟数字员工在金融咨询方面得到了广泛应用。金融咨询是金融领域的一项基础性业务，AI的发展使金融咨询业务焕发新的生机。AI在金融领域的一个典型应用就是AI金融客服，AI金融客服能够使金融咨询更加人性化、智能化和高效化。

首先，AI金融客服使金融咨询更加人性化。

金融行业属于高端服务行业。金融机构只有满足客户核心需求，为客户带来价值，才能吸引并留住客户。在金融咨询这一具体领域，金融机构必须

为客户提供完善的服务，这样才能获得客户的认可。

在传统业务模式下，人们在金融机构办理业务时需要排很长的队。由于服务人数众多，金融机构的服务人员难免会情绪爆发。如果恰遇客户情绪也不好，那么双方很容易发生冲突。这会降低金融机构的服务水平，给金融机构带来负面影响。

AI金融客服的出现则能有效避免这一问题。借助语音识别、视觉识别、大数据、云计算等先进技术，AI金融客服的整体表现更像一个"人"，而且比真正的客服人员更有礼貌，态度更和善。

AI金融客服能够智能回答客户提出的各种金融问题，而且不会带有任何不良情绪，始终以平稳的语调与客户沟通。同时，在视觉识别技术支持下，它能够高效解读客户的面部表情。如果客户对AI金融客服的回答有任何疑虑，它会联系更专业的人员，为客户提供更令人满意的解答。

另外，AI金融客服还能够形成"多渠道并行、多模式融合"的客户服务通道。例如，AI金融客服可以通过电话、短信、微信和App等多种形式与客户进行智能对话。借助自然语言处理技术，AI金融客服能够"听懂"客户的语言，理解客户的真实意图，从而提供更人性化的服务。

其次，AI金融客服使金融咨询更加智能化。

金融咨询更加智能化主要体现在专家系统与深度学习技术融合应用上。借助高科技，AI金融客服变得更加"聪明"。尤其是在深度学习技术的支持下，AI金融客服能够自主学习，回答常见的金融问题，从而有效提升金融客户的留存率和转化率。

最后，AI金融客服使金融咨询更加高效化。

大数据技术的加持能够大幅提升AI金融客服的数据处理能力。金融行业是百业之母，与各个行业都有交集。金融行业还是一个巨大的数据交织网络，沉淀着海量的金融数据。这些数据内容庞杂，不仅有各种金融产品的交易数据，还有客户的基本信息、市场状况的评估信息、各种风控信息等。这些数据资源要么有用，但是未能全面挖掘出其内在的价值；要么无用，但是泛滥于市场。

这对专业的金融咨询服务人员来说无疑是一个巨大的挑战。金融咨询服务人员想要提取到关键、有效的信息，就要耗费巨大的时间成本和更多的精力。而大数据技术的加持以及人工智能算法的应用，可以优化数据，帮助金融咨询服务人员把最有价值的金融数据提取出来，为客户提供最优质的金融咨询服务，从根本上提高金融咨询服务的效率。

10.4.2　聊天机器人辅助员工工作

为了提高员工的工作效率，获得更好的工作成果，许多企业推出聊天机器人，辅助员工工作。作为我国电商领域的巨头，阿里巴巴推出了一款名为"店小蜜"的智能聊天机器人，帮助平台内的各大品牌节约人力物力成本，提高运营效率。

店小蜜的前身是阿里巴巴的客服机器人"阿里小蜜"。阿里小蜜主要被用于处理用户投诉以及提供咨询服务，但是它仅具有文字回复功能。新推出的店小蜜功能更强大，它搭载了深度学习技术，具有自然语言处理能力，能够根据卖家设定的店铺专属信息，自动回复用户提出的问题。此外，店小蜜还能根据用户信息为其提供个性化产品推荐，为用户提供退货退款、修改订单等服务。

在大量分析人工客服与用户聊天内容后，店小蜜更智能、更人性化，能够与用户进行自然交流，甚至能够根据聊天情境发送合适的表情包，在用户选购商品和售后环节为人工客服提供了极大帮助。

店小蜜是 AI 与大数据结合的结果。如今，在各大品牌的线上店铺中都能见到店小蜜的身影，如苹果、森马、小米、华为、荣耀等。森马表示，其将近 60% 的用户咨询业务都交由店小蜜处理。

与人工客服相比，全天候工作的智能聊天机器人能够使用户的咨询得到更快的响应，购物也更加方便快捷。而对于卖家来说，智能聊天机器人能够有效提升用户体验，从而提高用户留存率和商品转化率。此外，智能聊天机器人还能够对用户数据进行及时反馈，方便卖家进行用户行为分析，以及时调整营销策略。

10.4.3 语音识别与转写系统减少工作量

随着科技的不断发展，语音识别与转写系统逐渐成了企业办公重要应用，能够帮助员工减少工作量，提高工作效率。

智能语音识别包括自然语言处理、语音识别、声音信号前端处理、语音合成等细分领域，能够使人与机器之间实现以语言为纽带的通信。

语音识别技术的落地，得益于深度神经网络的发展，这使得机器的语音识别准确率大幅提升，能够达到甚至超越人类识别的水平。当前，随着智能语音识别准确率不断提升、远场语音识别与唤醒技术的发展，以及全双工语音交互的出现，语音识别技术应用范围不断扩大。同时，基于NLP模型的人机对话与问答能力逐渐成熟，知识图谱技术不断拓展，推动对话引擎与实际应用场景的算法不断优化。

对话式智能人机交互产品的形态越来越丰富，产品功能以及应用场景逐渐增多。在互联网、医疗、教育、司法、公安等众多垂直领域，语音识别、语音合成、语音转写等智能语音语义能力的应用正在不断深化与拓展，为各行各业带来前所未有的便捷。

语音识别技术所支持的智能人机交互产品，带动相关产业的经济规模不断扩大。这不仅提升了智能客服等服务性行业的运转效率，促使其产业升级，还催生了智能家电、智能车载系统、智能音箱等一系列智能产品。

例如，科大讯飞是我国一家顶级的智能科技企业，为自然语言处理的发展和应用作出了巨大贡献。自从 AI 出现并兴起，科大讯飞就一直致力于自然语言处理技术的探索与突破。如今，科大讯飞已经在自然语言处理方面实现了多重突破，在语音识别、语义理解等方面拥有多项核心专利和技术，并推出了相关产品。

这些产品的出现能够减少办公场景下员工的工作量。员工可以利用语音识别与转写系统记录会议内容，缩短会议信息整理时间，提高会议效率，实现会议智能化；在员工培训时，语音识别与转写系统能够快速记录培训内容，无须专人整理，便于员工进行学习内容回顾与复习，提升员工学习效率。

10.4.4　AI助手：重要事项提醒与信息推送

为了给员工办公提供更多便利，一些企业引入 AI 助手辅助员工工作。AI 助手能够在重要事项提醒和信息推送方面发挥重要作用，帮助员工进行时间管理和任务安排。

例如，语音合成技术提供商 Lyrebird 打造了一款智能语音系统。该系统可以智能分析录音和对应文本以及两者之间的关联，能够模仿收集到的人声，并展开一段有趣的对话。

在将文字转换成语音的过程中，智能语音系统面临的一大挑战是如何让声音听起来更自然。即使是苹果公司的 Siri 和亚马逊公司的 Alexa，它们的语音仍然难以摆脱机器人腔调。当我们初次听到这样的声音时会觉得很新奇，但时间长了就会觉得单调乏味。而 Lyrebird 的智能语音系统能够提供"人的声音"，虽然仔细听起来与人声还是有一定的差别，但是比冷冰冰的机器音要好很多。

智能语音系统的工作原理如下：借助语音合成系统，根据预录的声音文档整理出核心词汇，同时尽量掌握字词的发音特点。该系统使用了一种模仿人脑思维的算法，在深度学习技术助力下，能够依据任何人 1 分钟的讲话内容，精准地模仿他的声音。而且，声音的语调和情感都很到位，几乎达到了复制的水准。

借助 AI，Lyrebird 的智能语音系统在学习并模仿了几个人的声音后，再模仿任何一个新对象的声音就会变得更快。也就是说，它可以花更少的时间，以最快的速度和最高的质量捕获任何人声音的核心特点。

上述优势使 Lyrebird 的智能语音系统拥有广阔的市场前景。该智能语音系统不仅能够用来改进个人 AI 助手、AI 音频书籍，还能为视障人士提供智能阅读服务，极大地提升他们的阅读便利性和阅读体验。然而，其最具吸引力的功能莫过于为人们带来前所未有的娱乐体验，例如，它能够模仿明星和名人的声音，开启奇妙的对话。

如果你是一名声音爱好者，而且喜欢听不同人的声音，那么这款智能语音系统能给你带来极大的乐趣。很多看过《声临其境》这档节目的观众都因韩雪多变、有吸引力的声音而被她"圈粉"，而 Lyrebird 的智能语音系统就能够模仿韩雪的声音。想象一下，如果你是一名韩雪的粉丝，而你的智能音箱中搭载了这款神奇的语音系统，那么你就可以在家中听到韩雪那独特而迷人的声音。它不仅能够提醒你安排好生活中的琐碎事务，更能让你的生活充满乐趣和色彩。

当然，它可以模仿任何你喜欢的明星的声音。如果你喜欢郭德纲的声音，那么它就可以用郭式独特的嗓音和你交流，给你讲一些有趣的段子；如果你喜欢李健，那么它可以模仿李健天籁般的嗓音，在你临睡前为你小唱一曲，助你入眠；如果你喜欢二次元，那么它可以模仿初音未来的甜美嗓音，为你开一场小型演唱会。总之，它会让你的生活中充满各种有趣的声音，给你带来更多欢乐和惊喜。

如果将 Lyrebird 的智能语音系统融入手机中，那么我们的娱乐生活将会更加丰富多彩。想象一下，你在异乡工作，手机能够模仿父母的声音与你交流，让你感受到家的温暖。

可以说，Lyrebird 的智能语音系统改变了传统的人机交互方式，让人们的生活变得更加美好和富有情趣。它不仅提升了我们的生活质量，更为我们带来了无尽的惊喜和乐趣。